POLYGLOTT-REISEFÜHRER

Ceylon
(Sri Lanka)

*Mit 49 Illustrationen sowie
18 Karten und Plänen*

POLYGLOTT-VERLAG
MÜNCHEN

Herausgegeben von der Polyglott-Redaktion
Verfasser: Dr. Hans Lajta
Illustrationen: Karl Bauer-Oltsch
Karten und Pläne: Werner P. C. Kümmelberg und Ferdinand Helm
Umschlag: Prof. Richard Blank

★

Wir danken der Botschaft von Ceylon in Bonn–Bad Godesberg, dem Ceylonesischen Verkehrsamt in Frankfurt/M. und der Botschaft der Bundesrepublik Deutschland in Colombo für zahlreiche wertvolle Hinweise.

Ergänzende Anregungen, für die wir jederzeit dankbar sind,
bitten wir zu richten an
Polyglott-Verlag, Redaktion,
8 München 40, Postfach 40 11 20.
Alle Angaben (ohne Gewähr) nach dem Stand Dezember 1974.

★

Zeichenerklärung:

🚂 Eisenbahnverbindungen

🏨 Erstklassige Hotels   🏨 Gute Hotels

🏠 Einfache Hotels

H Hotels   G Gästehäuser

R Rasthäuser   AC Klimaanlage

⚠ Jugendherbergen   ⚠ Campingplätze

★

5. Auflage 1975
© 1970 by Polyglott-Verlag Dr. Bolte KG, München
Printed in Germany / Druckhaus Langenscheidt, Berlin / Bw. III. Lw.
ISBN 3-493-60784-9

Colombo

Land und Leute

Ceylon, eine der „glücklichen Inseln", die schon im Altertum den Griechen unter dem Namen *Taprobane*, den Indern als *Lanka* und den Arabern als *Serendib* bekannt war, gehört zu den meistbesuchten Touristenländern Asiens. Palmenbestandene und goldfarbene Strände, den Küsten vorgelagerte Korallenriffe, tiefblaue Seen und dichtbewaldete Berge im Landesinnern, historische Zeugnisse aus vergangenen Kulturepochen, ein liebenswertes, freundliches Volk und ein heller, tropischer Himmel sind die zu allen Zeiten immer wieder gepriesenen Vorzüge der Insel. Mythos und Fabel verschmelzen hier mit der Geschichte. Schon *Marco Polo* erkletterte den *Adams Peak*, den heiligsten Berg der Welt, und erklärte, die Quellen des Paradieses rauschen gehört zu haben. *Sindbad der Seefahrer* fand hier das „Tal der Edelsteine", dessen Saphire, Rubine, Aquamarine und Halbedelsteine 2300 Jahre lang die Reichskleinodien *singhalesischer* Herrscher schmückten. Dichter und Könige schwärmten von der prachtvollen Landschaft. Holländer, Portugiesen, Araber, Inder und Engländer scheuten lange Zeit keine Mittel in ihrem Bestreben, sich diese Insel anzueignen.

Heute sind es die Touristen aus allen Kontinenten, die in immer steigendem Maße von der Schönheit der Insel angelockt werden und hier — im Unterschied zu vielen notleidenden Völkern in Asien — freundliche Menschen antreffen, die die reichen Gaben der Natur und der Geschichte wohl zu nützen verstehen. Der Anbau und die Gewinnung von Tee, Kokosnüssen, Kakao, Gewürzen und Gummi — alles wichtige Exportgüter — haben der Bevölkerung einen gewissen Wohlstand gebracht, so daß ihre Freundlichkeit und Zuvorkommenheit dem ausländischen Besucher gegenüber unvoreingenommen und uneingeschränkt als aufrichtig und herzlich bezeichnet werden kann. Eine alte Zivilisation und eine historische Tradition kennzeichnen das Land, dem die *buddhistische* Religion deutliche Spuren aufgedrückt hat. Nicht zuletzt ist es auch das angenehme Klima, das Ceylon immer mehr zu einem „Touristenparadies" macht.

Lage und Größe

Ceylon liegt der Südspitze Indiens vorgelagert. Eine Korallenbank (sogenannte *Adamsbrücke*) zieht sich vom Nordteil Ceylons über die Insel Mannar bis zum indischen Festland (*Palkstraße*).

Die Insel Ceylon liegt im nördlichen Teil des *Indischen Ozeans*, knapp nördlich des *Äquators*, zwischen 5°55' und 9°51' nördlicher Breite und 79°43' und 81°53' östlicher Länge. Ihre Fläche beträgt 65610 qkm, sie ist also nicht ganz so groß wie *Bayern*. Die längste Nord-Süd-Ausdehnung beträgt 432 km, die größte Breite 224 km.

Klima

Das Klima ist für den Europäer durchaus erträglich und wird zumeist sogar als angenehm empfunden, da die heißen Temperaturen (das ganze Jahr über zwischen 26 bis 30 Grad Celsius), die durch die Lage Ceylons knapp nördlich des Äquators bedingt sind, durch angenehme Seebrisen gemildert werden. In den Gebirgsgegenden sinken die Temperaturen pro 100 m Höhe um etwa einen halben Grad Celsius ab. *Luftkurorte* zwischen 900 und 1300 m Höhe zählen (neben den Badestränden) zu den beliebtesten Feriengebieten.

Eis und Schnee sind auf Ceylon unbekannt, doch gibt es in Höhen über 2000 m im Dezember und Januar Nachtfrost. Die wärmsten Monate sind April und Mai. Die Abende sind in der Regel kühler. Die beste Reisezeit ist von Mitte November bis Ende Februar, doch beträgt in Colombo der Temperaturunterschied zwischen dem wärm-

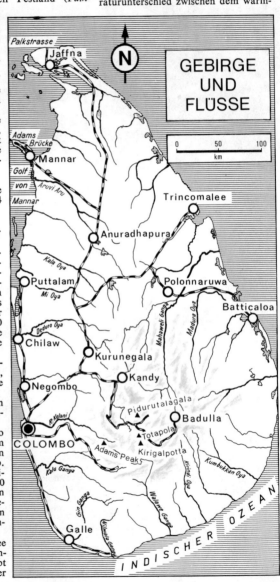

sten und dem „kühlsten" Monat im Durchschnitt nur 2°C.

Regenfälle gibt es zu allen Jahreszeiten, doch beschränken sie sich auf bestimmte Gebiete. Die regenreichste Periode ist von Anfang Oktober bis Mitte November. Von Dezember bis Februar herrscht der *Nordostmonsun* vor, der in den nordöstlichen Landesteilen Regen bringt. Eine Zwischenmonsunperiode von März bis April bringt nur leichte Brisen um die Mittagszeit und gelegentliche Gewitter am Abend. Der *Südwestmonsun* dauert von Mai bis September. Zu dieser Zeit fällt der Regen hauptsächlich im Südwesten der Insel.

Bodenbeschaffenheit

Die *Küsten* sind zum großen Teil flach und nur wenig zerklüftet. Im *Zentrum* der Insel erhebt sich ein 1000 bis 2000 m hohes Bergland, das von grünen Hügeln und dichten Wäldern umgeben ist. Die höchsten Erhebungen sind:

Pidurutalagala	2528 m,
Kirigalpotta	2396 m,
Totapola	2360 m,
Sri Pada (*Adams Peak*)	2240 m.

Von den zahlreichen Flüssen (viele Stromschnellen!) sind die *Mahaveli-Ganga* (330 km), *Aruvi-Aru* (167 km), *Kala-Oya* (155 km) und *Yan Oya* (149 km) die längsten. In den Bergen gibt es viele Luftkurorte und zahllose kleine Seen mit tiefblauem Wasser.

Fauna und Flora

Etwa 60% der Insel Ceylon sind von dichtem Dschungel bedeckt, in dem es noch viele *Elefanten* gibt. Im Unterschied zum indischen Elefanten entwickelt der ceylonesische nur selten Stoßzähne. Er wird daher nicht wegen seines Elfenbeins gejagt, sondern hauptsächlich als Arbeitstier, zum Heben und Tragen schwerer Lasten, abgerichtet. Infolge der fortschreitenden Kultivierung des Bodens wird aber die Zahl der wilden Elefantenherden von Jahr zu Jahr geringer.

Leoparden, *Bären* und andere wilde Tiere weichen dem Menschen im allgemeinen aus. *Löwen* und *Tiger* sind bereits ausgestorben. Verschiedene *Hirscharten*, *Wildschweine*, *Schakale* usw. findet man noch sehr zahlreich. *Affen* leben zumeist zurückgezogen. In den weniger dichten Wäldern und in den Ebenen leben Scharen von *Hasen*, *Eichhörnchen* und *Mäusen*. Im Unterholz des Dschungels gibt es *Giftschlangen* (Kobras, Vipern, Klapperschlangen) und die gefährlichen *Pythons*.

Beträchtlichen Schaden richten *Fledermäuse* an den Obstkulturen an. *Stachelschweine* werden gejagt, weil sie sich von den Gummibaum-Setzlingen nähren. Das *Rind*, das man als Haustier hält, wird hauptsächlich als Zugtier verwendet. An den mangrovenbestandenen Sumpfrändern der Küste gibt es noch *Krokodile*.

Die einheimische *Vogelwelt* ist sehr mannigfaltig. Es gibt 372 verschiedene Arten, darunter 48, die nur auf Ceylon zu finden sind. Paradiesvogel, Pfau, Specht, Kranich, Elster und Dschungelhuhn sind die bekanntesten. Auch Rebhühner, Wildenten und anderes jagdbares Vogelwild gibt es in Mengen. An den Küsten und vorgelagerten Lagunen leben Flamingos, Störche, Pelikane, weiße Reiher usw. Im Gebirge nisten Adler, Falken und Eulen. Palmen, Edelhölzer, Kakteen, Rhododendren, Orchideen und andere *Tropengewächse* sind über die ganze Insel verbreitet. Es gibt 24 Naturparks, Wildreservate und Vogelschutzgebiete.

Landwirtschaft und Plantagenindustrie

Hauptsächlich wird *Reis* angebaut. Er deckt nicht ganz zwei Drittel des Eigenbedarfs. Pfeffer, Zimt, Vanille und andere *Gewürze* haben ihre Bedeutung als Exportgüter bereits weitgehend verloren, der *Tee* hingegen wird in steigendem Maße angebaut und exportiert. Ein Fünftel der Weltproduktion stammt aus Ceylon. Hervorragende Qualitäten werden in einer Höhe zwischen 800 und 1300 m gewonnen.

Teepflückerinnen

Die *Gummiplantagen* liefern ein weiteres wichtiges Exportgut. Ceylon ist (nach Malaysia und Indonesien) der drittgrößte Gummiproduzent der Welt. *Kokospalmen* werden in den weiten Küstenebenen, aber auch im Hügelland gepflanzt. Aus den Kokosnüssen werden hauptsächlich Öl und Fett (*Margarine*) gewonnen. Ein anderes Produkt ist *Kopra* (getrocknete Kokosnußkerne). Die Kokosfaser wird zu Textilien verarbeitet.

Außerdem gibt es Orangen- und Zitronenplantagen, Gemüsegärten, Baumwoll- und Tabakfelder, die für den Inlandbedarf Bedeutung haben.

Bodenschätze

Seit Jahrhunderten nimmt die Gewinnung von Edelsteinen und Halbedelsteinen einen bevorzugten Platz ein. Besonders im Südwesten der Insel (Gebiet um *Ratnapura*) werden in Flußbetten und im Schwemmland Saphire, Rubine, Aquamarine und Goldberylle von besonderer Reinheit gefunden. Halbedelsteine sind hauptsächlich als Topas, Granat, Turmalin, Spinell und Mondstein vertreten.

Im Süden Ceylons (Gebiet um *Matara*) wird in großen Mengen Granit gefördert. Hochwertigen Sand zur Glasverarbeitung findet man an der Nordwestküste zwischen *Jaffna* und *Mannar*. Hier gibt es auch große Zementwerke. Salz wird hauptsächlich an den Küsten in „Salzteichen" (durch Verdunstung des Meerwassers) gewonnen.

Bevölkerung

Ceylon hat 12 750 000 Einwohner, von denen über sieben Millionen *Singhalesen* sind. Bei den Singhalesen handelt es sich um einen arischen Volksstamm, der schon in frühester Zeit aus *Indien* einwanderte und sich mit den Ureinwohnern mischte. Über zwei Millionen der Bevölkerung sind *Tamilen*. Auch sie kamen vom indischen Festland und hatten lange Zeit im Norden ein eigenes Königreich. Die Tamilen sind kleiner als die Singhalesen und haben eine dunklere Hautfarbe. Die seit dem 8. Jahrhundert eingewanderten *Araber* haben sich schon stark mit anderen Rassen vermischt, bilden aber noch immer einen eigenen Bevölkerungsteil von etwa 600 000. Die „Burgher" (etwa 40 000) sind Nachkommen der holländischen Einwanderer und früherer Kolonialbeamten, die sich mit einheimischen Frauen verheirateten. Sie sind groß, oft blauäugig und an ihrer hellen Hautfarbe zu erkennen. Außerdem gibt es noch 700 bis 800 reinrassige *Veddas*, die Ureinwohner der Insel. Viele von ihnen leben — unbeeinflußt von der Zivilisation — im Dschungel und gehen noch mit Pfeil und Bogen der Jagd nach.

Eine beachtliche Minderheit sind die nahezu eine Million *Inder* (zumeist tamilischen Ursprungs). Sie arbeiten auf den Tee- und Gummiplantagen, aber auch in den Städten in Büros und Banken als Angestellte. Kleinere Minderheiten sind *Malaien* (30 000), *Eurasier* (10 000) und *Engländer* (3000). 85 Prozent der Bevölkerung leben auf dem Lande. Die Bevölkerungsdichte beträgt 194 Einwohner pro qkm. (BRD: 241, Schweiz: 148, Österreich: 87). Es besteht Schulpflicht.

Religion

Hauptreligion ist der *Buddhismus* mit sieben Millionen Anhängern, gefolgt vom *Hinduismus* (zwei Millionen), *Christentum* (750 000) und *Islam* (600 000). Die meisten *Singhalesen* bekennen sich zum Buddhismus, der seit eh und je einen großen Einfluß auf das ceylonesische Volk, seine Kunst, Kultur und Zivilisation ausgeübt hat. Die *Tamilen* gehören den verschiedenen Sekten des Hindu-Glaubens an, ebenso wie die im Lande wohnenden *Inder*. Die *Moslems* setzen sich aus den Nachkommen früherer arabischer Einwanderer und den *Malaien* zusammen. Sie sind entweder im Osten der Insel zu finden, wo sie in der Landwirtschaft tätig sind, oder in den größeren Städten als Händler und Kaufleute. Neben den europäischen und eurasischen Bevölkerungsteilen gehören auch viele Singhalesen und Tamilen dem Christentum an.

Der in Ceylon noch sehr rein und unverfälscht erhaltene *Hinayana-Bud-*

Singhalesische Fischer

dhismus („Buddhismus des Kleinen Fahrzeugs") ist der ursprüngliche Buddhismus (im Unterschied zum *Mahayana-Buddhismus*, dem „Großen Fahrzeug"; hauptsächlich in Ostasien). Er geht davon aus, daß der Mensch aus eigener Kraft durch die Beobachtung der Gebote des Buddha das Leid überwinden und *Nirwana* erlangen könne. Beim Mahayana-Buddhismus hat man nicht nur für das eigene Heil zu sorgen, sondern auch für das möglichst vieler Mitmenschen, die im „Großen Fahrzeug" gerettet werden sollen.

Da der Buddhismus eine sehr tolerante Religion ist, ist das Betreten der Tempel (meist nicht mit Schuhen!) und die Teilnahme an buddhistischen Andachten prinzipiell jedem Fremden gestattet.

Der Grundgedanke der buddhistischen Lehre, wie sie *Gautama Buddha* vor 2500 Jahren predigte, besteht in der Weltüberwindung durch das Erkennen der „Vier heiligen Wahrheiten": Die Wahrheiten vom Leid, von der Leidensentstehung, der Leidensvernichtung und dem zur Leidensvernichtung führenden Weg. Der „achtfältige Pfad", der zum Frieden, zum Erkennen, zur Erleuchtung und zum Nirwana führt, heißt: rechter Glaube, rechter Entschluß, rechtes Wort, rechte Tat, rechtes Leben, rechtes Streben, rechtes Gedenken und rechtes Sichversenken.

Sprachen

Hauptsprache ist das *Singhalesische*, ein ursprünglich arischer Dialekt mit Verwandtschaft zum *Sanskrit*. Es wird von über 70% der Bevölkerung gesprochen. Zweite Hauptsprache ist *Tamil*, das etwa 20% der einheimischen und der indischen Bevölkerung sprechen. Unterrichtssprache ist die „ceylonesische Muttersprache *Swabasha*", die örtlich bedingt entweder Singhalesisch oder Tamil ist.

Englisch ist als zweite Sprache an allen Schulen Pflichtfach. Man wird sich daher bei einiger Kenntnis der englischen Sprache überall in Ceylon leicht verständigen können.

Staat und Regierung

Die Insel Ceylon war ein selbständiger sozialdemokratisch regierter Staat im Britischen Commonwealth und ist seit 1972 eine unabhängige Republik mit dem offiziellen Namen „SRI LANKA". Sie ist in neun Provinzen mit 19 Distrikten aufgeteilt. Das erste unabhängige ceylonesische Parlament wurde 1948 eröffnet. Die Regierung besteht aus dem Kabinett, dem der Minister-

Geschmückte Elefanten

präsident vorsteht und das dem Senat und der Abgeordnetenkammer (Volksvertretung) verantwortlich ist.

Feste

Viele der malerischen religiösen Feste Ceylons sind weltberühmt. Beim buddhistischen Fest des *Vesak*-Mondes (im Mai) ist die ganze Insel mit Lichtern und Zehntausenden von Lampions erleuchtet. Das Fest *Kelaniya Duruthu Perahera*, bei dem Buddhas Geburt, Erleuchtung und Eingang in *Nirwana* gefeiert werden, findet Ende Januar bzw. Anfang Februar im Tempel von *Kelaniya* (bei Colombo) statt.

Das *Perahera-Fest* in Kandy wird im Juli oder August gefeiert. Der dabei stattfindende Umzug wird als farbenprächtigste religiöse Prozession der Welt bezeichnet. Zehntausende buddhistischer Pilger aus allen Teilen Asiens nehmen daran teil. Tänzer in historischen Kostümen, Maskenträger, Musikanten, Fackel- und Bannerträger und uralte Fürsten- und Hoftrachten vermitteln dabei ein anschauliches Bild vergangener Jahrhunderte. Zu den Besonderheiten des Festes gehören auch die prächtig geschmückten und bemalten Elefanten. Es wird eine heilige Reliquie Buddhas zur Schau gestellt, die der linke obere Eckzahn *Gautama Buddhas* sein soll. (Daher auch der Name „Fest des Zahns"). Der Umzug wird von dumpfen Trommelwirbeln begleitet.

Die *Kandy-Tänzer* durften früher die Insel nicht verlassen, damit die traditionellen Tänze nicht außerhalb des Landes nachgeahmt werden konnten.

Überaus malerisch und faszinierend ist auch das jährliche Pilgerfest, bei dem Tausende von Buddhisten, Hindus

Kandy-Tänzer

und Moslems auf den *Adams Peak* steigen, auf dem eine riesige Fußspur verehrt wird, die von den Gläubigen der verschiedenen Religionen als die Fußspur *Buddhas, Siwas,* oder *Adams* angesehen wird.

Beim historisch-religiösen *Kataragama-Fest* schreiten Männer und Frauen — selbst junge Mütter mit Babys in den Armen — ruhig und gelassen barfuß über eine Straße glühender Kohlen.

Außer den buddhistischen gibt es auch viele Hindu-Feste, die zumeist im Juli und August gefeiert werden. Die Moslems feiern *Milad-un-Nabi* (Geburt des Propheten Mohammed) jedes Jahr am 12. Tag nach dem dritten Vollmond. Man erkundige sich beim Touristenamt in Colombo nach den jeweils stattfindenden Festen, da sie nach buddhistischem, Hindu-, oder Moslem-Kalender jedes Jahr zu einem anderen Zeitpunkt stattfinden.

Nationalparks

Die 24 Nationalparks, Wild- und Vogelschutzgebiete Ceylons bedecken ein Zwanzigstel der gesamten Bodenfläche der Insel. Die drei bedeutendsten sind: *Gal Oya Valley* (605 qkm), *Wilpattu* (548 qkm) und *Ruhuna* (234 qkm).

Man übernachtet in Rasthäusern und *Camp-Bungalows,* um am nächsten Morgen zwischen 5.30 und 7.30 Uhr die Tierwelt beobachten zu können. Die Tiere leben hier in natürlicher Freiheit. Ungezähmte Elefanten, Leoparden, Büffel, Bären und zahlreiches Wild können oft aus nächster Nähe fotografiert werden.

In vielen Wildschutzgebieten ist es notwendig, seine eigene Verpflegung mitzubringen. Geschirr, Moskitonetze und Trinkwasser sind in den Camp-Bungalows in der Regel vorhanden. Die Eintrittsgebühr beträgt meist um Rs. 6.— zuzüglich etwa Rs. 4.— pro Wagen (Jeep und Landrover um Rs. 6.—). Mietwagen gibt es in Colombo. Ein *Ranger* wird dem Besucher als Führer mitgegeben. Die Übernachtung in Bungalows kostet Rs. 6.— bis 15.— pro Person. Vorbestellungen sind erforderlich (*Wildlife Department Office*, Echelon Square, Colombo). Fotosafaris werden von vielen Reisebüros in Colombo organisiert. Für Touristen gelten folgende Regeln:

1. Immer neutrale Kleidung tragen (keine grellen Farben).
2. Medikamente gegen Insektenstiche stets mitführen.
3. Auf der Fahrt zum Rastlager keinesfalls den Wagen verlassen.
4. Keinen Lärm machen.
5. Gegen die Windrichtung fortbewegen, wenn man nahe an das Wild herankommen will.
6. Elefanten haben auf allen Wegen Vorrang.
7. Niemals Straßen und Wege verlassen. Nie ohne einheimischen Begleiter einer Tierspur folgen.

Da die schönsten Gegenden Ceylons zu Nationalparks und Tierschutzgebieten erklärt wurden, ist es immer vorteilhaft, sich einer der kleineren Reisegruppen mit geschultem Reisebüro-Fachpersonal anzuschließen.

Im Winter ist Ceylon eine Zuflucht für die nordasiatische *Vogelwelt.* In den zahlreichen Vogelschutzgebieten sind es besonders die vielen bunten *Papageien,* die von den Teilnehmern der „Fotosafaris" immer wieder gerne beobachtet werden.

Weidende Elefantenherde

Geschichtlicher Überblick

Ceylons Geschichte verliert sich in der Legende. Für die Mohammedaner ist die Insel heute noch das erste Land, wo *Adam* und *Eva* nach der Vertreibung aus dem Paradiese lebten. (Nach anderer Auslegung sogar der *Garten Eden*, aus dem Adam und Eva nach dem Sündenfall vertrieben wurden; daher „Adamsbrücke" zum indischen Festland.) Auf dem vierthöchsten Berg Ceylons, dem *Adams Peak* (2240 m), wird die „Fußspur Adams" verehrt.

Dem Hindu-Epos *Ramayama* zufolge wurde Ramas Gemahlin *Sita* von einem Dämonenkönig nach Ceylon entführt. Mit Hilfe des Affengottes *Hanuman* baute Rama eine Brücke nach Ceylon („Adamsbrücke"), die er mit seinem Heer überschritt, um *Sita* zu befreien.

Frühgeschichte

Bei modernen Forschungen fand man in einem Edelsteinbruch bei *Ratnapura* Spuren eines vorgeschichtlichen Menschen (*Homo Sinhaleyus*) und primitive Steinwerkzeuge aus der zweiten Zwischeneiszeit. Aus der meso- und neolithischen Zeit gibt es Skelettfunde von Menschen, die fast 1,80 m groß waren (*Homo Sapiens Balangodensis*). Während der Stein-, Bronze- und Eisenzeit vermischten sich indische Eroberer, die von Südindien über die „Adamsbrücke" nach Ceylon eindrangen, mit den Ureinwohnern, den *Veddas*. Dieses alte Nomadenvolk ist sowohl mit den primitiven Dschungelvölkern Südindiens wie auch mit den Australnegern, den Ureinwohnern Australiens, verwandt. Heute leben auf Ceylon nur mehr 700 bis 800 reinrassige *Veddas*.

543 vor Chr. — 3. Jh. v. Chr.

Die erste nationale Chronik Ceylons, das *Mahavansa*, stammt aus dem 5. Jahrhundert n. Chr. Es wurde von *Mahanama*, einem königlichen Priester, verfaßt. Danach erfolgte die Besiedlung durch den indischen Prinzen *Vijaya*, der um das Jahr 543 (oder 544) vor Chr. mit einer Schar von 700 Mann die Insel in Besitz nahm. *Vijaya* stammte der Sage nach von einem Löwen (auf Sanskrit: *Sinha*) ab, weshalb seine Nachkommen *Sinhalesen* genannt werden. *Vijaya* gilt somit als Stammvater der 180 Singhalesenkönige, die Ceylon — mit kurzen Unterbrechungen — fast 2300 Jahre lang regierten.

4. Jh. v. Chr. *Anuradhapura* wird Hauptstadt und bleibt es bis Mitte des 9. Jahrhunderts n. Chr. — Der erste Europäer, der den Boden Ceylons betrat, war möglicherweise ein Flottenführer *Alexanders des Großen*. Er berichtete erstmals von der Insel.

270 v. Chr. Einführung des *Buddhismus* durch *Thera Mahendra* (auch: *Mahinda*), einen Sohn des Königs *Asoka* von *Magadha* (Indien). Er übermittelte dem König *Devanampiya Tissa* (307 bis 267 v. Chr.) die *Kanonischen Bücher* („Drei Pitakas") und ihre Auslegung in der *Pali*-Sprache. Singhalesisch war zu dieser Zeit mit dem *Pali* sehr verwandt. Die Singhalesenkönige nehmen den Buddhismus an und führen das Land zu großem Wohlstand.

1. Jh. v. Chr. — 4. Jh. n. Chr. Zahlreiche Invasionen der *Tamilenvölker* aus Südindien. Sie können aber den Buddhismus nicht mehr verdrängen. Die Singhalesenkönige müssen zeitweise große Teile der Insel an die *Tamilen* abtreten.

Um 330 Die heiligen Texte des Buddhismus werden von *Buddhagosa* interpretiert. Seine Werke gehören zu den bedeutendsten des ceylonesischen Buddhismus.

Der *Bodhibaum*, der aus einem Zweig jenes Baumes gewachsen war, unter dem Buddha die Erleuchtung gefunden hatte, wird nach Ceylon verpflanzt. Er wird heute noch in *Anuradhapura* verehrt und von den Buddhisten als der älteste Baum der Welt angesehen. Während der Regierungszeit von König *Kittissiri Meghavanna* (304—332) wird eine der größten heiligen Reliquien des Buddhismus, ein Zahn Buddhas, nach Ceylon gebracht. Er wird in *Kandy* aufbewahrt und ist jedes Jahr im August Gegenstand frommer Verehrung. (Berühmtes *Kandy-Perahera*; siehe Seite 7).

Unter König *Buddhadasa* (341—370) werden zahlreiche Tempel gebaut. Kunst, Kultur und Heilkunde erleben eine Blütezeit.

5. Jh. — 1505

477—495 Unter der Regierung von *Kasyapa I.* wird für kurze Zeit *Sigiriya* neue Hauptstadt.

Infolge ständiger Kämpfe mit den *Tamilen* wird Sigiriya und später Anuradhapura als Hauptstadt aufgegeben.

781—1288 Neue Hauptstadt wird *Polonnaruwa*, dann für etwa 20 Jahre *Yapahuwa* und wieder Polonnaruwa bis 1314. Die *Tamilen* aus Südindien, die oft große Teile Ceylons erobern, lassen überall prachtvolle Hindu-Tempel erbauen.

1015 König *Vijayabahu* stellt das Singhalesenkönigreich mit seinen alten Grenzen wieder her.

1153—1186 König *Parakrama Bahu* („Bahu der Große") läßt im ganzen Land Reisfelder anlegen und Staudämme zu Bewässerungszwecken bauen. Durch die landwirtschaftlichen Reformen erlebt Ceylon einen gewaltigen wirtschaftlichen Aufstieg und gelangt dadurch zu großem Wohlstand. Die Hauptstadt *Polonnaruwa* wird ausgebaut und befestigt.

1294 *Marco Polo* besucht Ceylon. Zu dieser Zeit befinden sich wieder große Gebiete des Landes unter der Herrschaft der *Tamilen*.

1344 Der marokkanische Historiker *Ibn Battuta* besucht Ceylon. Er schildert die Verhältnisse im Tamilenkönigreich im Norden und die der *Singhalesen* im Süden der Insel.

13.—15. Jh. Die Singhalesenkönige befinden sich in ständigem Kampf mit einfallenden Eroberern. Ceylon wird zeitweilig von *südindischen* Königichen, von *malaiischen* Königen, von König *Pegu von Burma*, vom Kaiser von *China* und selbst von *ägyptischen* Sultanen beherrscht. Im Norden Ceylons wird das Königreich der *Tamilen* immer mächtiger; die *Singhalesen* ziehen sich in den Südwesten zurück. Im 14. Jahrhundert herrschen *islamische Wesire* mit *äthiopischen* Söldnern in Colombo.

Portugiesische Kolonialzeit

1505 Die *Portugiesen* landen in Colombo und beginnen den Handel mit Gewürzen und Edelsteinen. *Jesuiten* gründen die ersten Missionsstationen.

1557 König *Dharmapala* ist der erste Singhalesenkönig, der zum Christentum übertritt. Er nimmt den Namen *Don John* an.

1592 *Kandy* wird die neue Hauptstadt des singhalesischen Königreiches.

1597 *Portugal* erklärt seine rechtmäßige Herrschaft über Ceylon. Es folgen unaufhörlich Kämpfe mit den Singhalesenkönigen.

1638 *Holländer* besetzen die Hafenstädte. König *Rajasinha* verbündet sich mit ihnen im Kampf gegen die Portugiesen.

1652—55 Der holländisch-portugiesische Krieg erstreckt sich über die gesamte Insel. Die *Holländer* erobern Colombo und stärken dadurch ihre Macht.

Holländische Kolonialzeit

1658 Die letzten Portugiesen verlassen Ceylon. Beginn der holländischen Herrschaft. Tamilensklaven werden aus *Indien* zum Reisanbau ins Land gebracht. Eine neue Verwaltung wird eingesetzt.

Viele *Holländer* heiraten einheimische Frauen und lassen sich auf Ceylon nieder. Sie übernehmen von den ansässigen *Moslems* den Handel. So entsteht die Volksgruppe der „Burgher" (siehe Seite 6).

Trotz ständiger Schwierigkeiten mit dem singhalesischen Königshof in *Kandy* festigen die Holländer ihre Macht immer mehr.

1734 Die Arbeitsbedingungen der einheimischen Bevölkerung verschlechtern sich. Die Zimtpflücker streiken. Um einen drohenden Aufstand abzuwenden, müssen die Holländer große Truppenverstärkungen ins Land bringen.

1741 Buddhistische Priester aus *Burma* strömen ins Land und beginnen den Buddhismus zu reformieren. Unter der Bevölkerung herrscht große Unzufriedenheit mit der holländischen Herrschaft.

König *Kirti Sri* läßt alte Tempel wiederherstellen, besteht auf der Einhaltung religiöser Feste und bringt den Buddhismus zu neuer Blüte. Gleichzeitig beginnen zahlreiche blutige Auseinandersetzungen mit den holländischen Truppen.

1766 Nach großen Siegen der Holländer wird ihre Herrschaft vertraglich festgelegt. Sie erhalten die gesamten Küstengebiete. Dem König von *Kandy* wird verboten, mit anderen ausländischen Mächten diplomatische Verbindungen aufrecht zu halten.

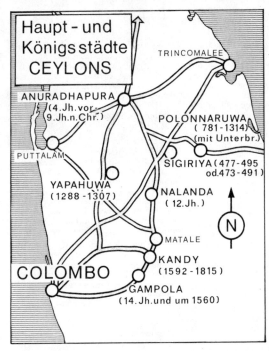

Haupt- und Königsstädte CEYLONS

ANURADHAPURA (4. Jh. vor–9. Jh. n. Chr.)
PUTTALAM
POLONNARUWA (781-1314) (mit Unterbr.)
SIGIRIYA (477-495 od. 473-491)
YAPAHUWA (1288-1307)
NALANDA (12. Jh.)
TRINCOMALEE
MATALE
KANDY (1592-1815)
COLOMBO
GAMPOLA (14. Jh. und um 1560)

lich wird festgelegt, daß das Kandy-Königreich nicht auf Grund einer Eroberung, sondern als Ergebnis eines Vertrages zum Schutz der Bevölkerung unter britische Herrschaft gefallen ist. Im ganzen Land werden landwirtschaftliche Reformen durchgeführt.

1848 Die Bevölkerung lehnt sich gegen die britische Herrschaft auf. Nachdem das Standrecht erklärt wird, scheitert der letzte Versuch der Ceylonesen, die britische Herrschaft abzuschütteln.

Weitere Reformen bringen in der Folgezeit der Bevölkerung eine Verbesserung der Lebensverhältnisse.

Der englische Gouverneur von Madras (Südindien) bringt es fertig, mit König *Kirti Sri* in Verbindung zu treten.

1782 Die Engländer landen überraschend in *Trincomalee*, erobern die Hafenstadt und nehmen Verhandlungen mit dem Königshof auf.

1783 Die Franzosen erobern *Trincomalee* und geben die Stadt den Holländern zurück.

Englische Kolonialzeit

1795—96 Die Engländer erobern die Hafenstädte und vertreiben die Holländer aus allen wichtigen Positionen.

1802 *Holland* muß einen Vertrag unterzeichnen, wonach es sämtliche Rechte auf Ceylon aufgibt. Die Insel wird von holländischen Truppen geräumt und Ceylon wird *britische Kronkolonie*.

1815 Die Engländer erobern *Kandy*, stürzen den letzten König, *Sri Vikrama Rajasinha*, und beenden die 2300jährige Herrschaft der Singhalesenkönige. Der König wird mit seiner Familie ins Exil nach *Indien* geschickt. Vertrag-

1917 Die *Ceylon-Reform-Liga* wird gegründet und die nationale Unabhängigkeit neuerlich angestrebt.

1928 Die von England eingesetzte *Donoughmore-Kommission* kommt zu der Erkenntnis, daß Ceylon für die Unabhängigkeit noch nicht reif ist.

1945 Der ceylonesische Staatsrat verlangt den sofortigen *Dominion-Status*, der aber von Großbritannien verworfen wird. Der politische Kampf um die Unabhängigkeit wird fortgesetzt.

1948 Ceylon erlangt die Unabhängigkeit, verbleibt aber im *Britischen Commonwealth*.

1953 Ceylon wird Mitglied der UNO.

1956 *Singhalesisch* wird zur einzigen offiziellen Sprache erklärt. Großbritannien wird veranlaßt, seine Flotten- und Luftstützpunkte auf der Insel aufzugeben. Die Neutralitätspolitik wird konsequent verfolgt.

1971 Umsturzversuche werden von Armee und Polizei niedergeschlagen.

1972 Ceylon wird Republik und nimmt den aus der Sanskrit-Sprache stammenden Namen *Sri Lanka* an.

Kunst und Kultur

Ceylons Zivilisation kann bis zum Jahre 543 v. Chr. zurückverfolgt werden, als der indische Prinz *Vijaya* die Insel in Besitz nahm. Damit begannen auch die indischen Kunst- und Kulturformen, die zu dieser Zeit schon über zweitausend Jahre lang überall in Indien ihren Ausdruck gefunden hatten, nach Ceylon einzuströmen. Im Unterschied zu Indien, wo die meisten der berühmten Städte der Vergangenheit verschwunden sind und nur noch riesige Erdhügel das Gelände anzeigen, auf welchem sie einst standen, sind die alten Königsstädte Ceylons — der Mittelpunkt einer blühenden Kultur mit mannigfaltigen künstlerischen Ausdrucksformen — erhalten. Die zuerst nur von der Hindu-Kultur beeinflußte Kunst fand mit der Aufnahme des *Buddhismus* im Jahre 270 v. Chr. bald eine Eigenständigkeit, die von den Singhalesen zu allen Zeiten gepflegt wurde.

Der Buddhismus beflügelte den kulturellen Fortschritt und beeinflußte Kunst und Architektur. Beide dienten dazu, die Bedürfnisse der neuen Religion zu fördern. Der *Buddhismus* war zu allen Zeiten das bindende Element des 2300jährigen singhalesischen Königtums, dessen Literatur und Kunst von den gelehrten buddhistischen Priestern zu einer hohen Blüte gebracht wurde. Buddhistisches Kulturgut gelangte über Ceylon bis nach Südostasien.

Die zahlreichen Einfälle *indischer*, *malaiischer* und *arabischer* Eroberer brachten es mit sich, daß Ceylon auch von den Einflüssen dieser Länder nicht verschont blieb, was sich teils fördernd, teils hemmend auf die einheimische Kunst auswirkte. *Christliches* Kulturgut wurde zu Beginn des 16. Jahrhunderts von den *Portugiesen* ins Land gebracht, doch konnte es die Kluft zwischen dem Ernst und der Strenge der damaligen christlichen Ausdrucksformen und dem heiter-gelassenen Lebensstil und der Toleranz der zum Großteil buddhistischen Bevölkerung Ceylons nie überwinden.

Die natürlichen Grundlagen der *singhalesisch-buddhistischen* Kultur liegen nicht zuletzt auch im Klima. Ceylon ist eine tropische Insel, wo die Beziehung des Menschen zur Natur weit inniger ist als in kühleren Breiten. Er ist immer in unmittelbarer Nachbarschaft mit Blumen, Bäumen, Vögeln, Affen usw. und hat daher einen anderen Gesichtskreis als der Abendländer.

Er trägt ein Minimum an Kleidung und hat andere Moralbegriffe. Er kann — unbefangen von den Hemmungen der westlichen Welt — seinen Gefühlen einen breiten Raum geben, wovon die Fresken in den Tempeln und Palästen von *Anuradhapura* und *Sigiriya* ein beredtes Zeugnis ablegen.

Die Buddhaplastik

Die Buddhastatuen Ceylons stehen fast nie auf Denkmalart allein und isoliert. Sie sind immer als sakraler Kern in ein Bauwerk eingefügt. Sie stehen entweder im Zentrum oder in einer Hauptnische des Kultraums oder an bevorzugter Stelle auf einem Altarpodest. Nur so — in der sie umgebenden Form (Altar, Thron, geschmückte Kuppel, Baldachin, Höhle, Grotte, Felswand, Mauernische usw.) — kann die Buddhaplastik als übergeordnetes Ganzes in ihrer funktionellen und formalen Einheit mit dem gesamten Heiligtum richtig verstanden werden.

Der kraftvolle Ausdruck der Buddhaplastik ist stets von erhabener Majestät und hat meditativen Charakter.

Die Darstellung zeigt *Buddha* entweder als Lehrer, als Betrachter oder in *Samadhi* (transzendentales Bewußtseins-Stadium) versunken. Buddhaplastiken in sitzender Stellung im Freien zeigen immer den meditierenden Buddha.

Die Dagoba

Das typische religiöse Bauwerk Ceylons ist die *Dagoba* (von *Dhatugopa* = Reliquienbehälter; auch *Thupa* oder

Dame und Dienerin. Fresko aus Sigiriya

Stupa). Gewöhnlich ist sie der Teil eines mehrere Bauten umfassenden Buddhatempels oder religiösen Zwecken dienenden Gebäudekomplexes.

Ein solcher besteht neben der *Dagoba* im allgemeinen aus *Vihara* (Tempel mit Standbild), *Bana Maduva* (Gebets- und Lehrsaal), *Pansala* (Mensa) und einem *Bo-Baum* (Ficus religiosa).

Die *Dagoba* ist ein in halbkugelförmiger Auswölbung aus Steinen errichteter Kuppelturm. Die Halbkugel soll eine Wasserblase darstellen, mit der Buddha den menschlichen Leib ver-

Dagoba

gleicht. Eine *Dagoba* besteht aus einem terrassenartigen, manchmal auch hoch emporgeführten Unterbau (A), *Maluva* genannt, der oft von mehreren Säulen und Portalen umgeben ist (B), den *Vahalkada*; darauf ruht die eigentliche *Dagoba* (C), der Dom. Auf ihm befindet sich eine quadratische Plattform (D), die von einer *Kotha* (E), einem konischen Spiralaufbau, gekrönt wird.

Die *Kotha* kann aus Gold, vergoldet oder aus Stein sein. Die *Dagoba* kann vier traditionelle Formen haben: Blasenform, Sonnenschirmform, Glockenform oder Wassertopf-Form. Sie ist ein ehrfurchtgebietendes buddhistisches Denkmal und dient als Aufbewahrungsort für Reliquien Buddhas oder seiner Schüler.

Wawa — Wasserreservoire

Charakteristisch für die Landschaft in *Rajarata*, dem „Land der Könige", in dessen Zentrum die alte Stadt *Anuradhapura* liegt, sind die oft schon vor mehr als zwei Jahrtausenden angelegten „Wassertanks" (singhal. *Wawa* oder *Wewa*). 15 bis 30 m hohe Dämme, oft 6 bis 8 km lang, schließen ganze Täler ab, um darin das Wasser für die Trokkenmonate aufzuspeichern. Die so entstandenen Stauseen sind oft durch Kanäle miteinander oder mit Flüssen verbunden. Sie zeugen von der hohen Kulturstufe der *Singhalesen*, die auf diese Art das Land fruchtbar machten und gleichzeitig dabei auch an praktische Bedürfnisse dachten. So ist z. B. ein derartiges Miniatursystem in *Anuradhapura* zu sehen, wo drei Wassertanks übereinander liegen: der oberste enthält Trinkwasser — das von einer 80 km entfernten Quelle stammt, zu der ein Kanal führt, — der mittlere diente zum Baden und der untere als Wäscherei. Die Gegenden um manche *Wawas* wurden zu Nationalparks erklärt.

Kunsthandwerk

Die Bearbeitung von *Edelsteinen* zu Schmuckstücken reicht mehr als 2000 Jahre zurück. Die damit verbundene Gold- und Silberschmiedekunst steht heute noch in hoher Blüte. Die *Holzschnitzerei* findet ihren bedeutendsten Ausdruck im Anfertigen von traditionellen Masken mit oft phantastischen, oft grotesken Formen. *Keramikgefäße* werden gerne mit symbolischen Mustern bemalt. *Flechtwaren* aus Rohr, Bambus und anderen Pflanzen zeigen kunstvolle Ornamente. Auch die Elfenbeinschnitzerei, Bronze- und Messingverarbeitung, Mattenweberei, Verarbeitung von Korallen und Muscheln zu Schmuck usw. gehören zum einheimischen Kunsthandwerk.

Tempel

Die großen Ruinenstädte *Anuradhapura, Polonnaruwa, Sigiriya* u. a. werden im laufenden Text ausführlich beschrieben.

Kelaniya-Tempel

Speisen und Getränke

In fast allen Touristenhotels der Insel hat man die Wahl zwischen westlicher und einheimischer, oft auch chinesischer Küche. Spezialitäten sind Fischgerichte, Muscheln, Hummer, Krebse, Garnelen, Austern usw. Im Unterschied zum strenggläubigen *Hindu* ißt der buddhistische Singhalese – allerdings in mäßigen Mengen – auch Fleisch.

Die Landesküche kennt eine Vielfalt verschiedener Arten von *Curry* und Reis. Es gibt Curries aus verschiedenen Fleisch- und Fischsorten, Geflügel-, Gemüse-, Eier- und Früchte-Curries, deren Zubereitungsweise immer anders ist. Man verwendet beim Herstellen der Soße Kokosmilch mit mehreren Arten von Gewürzen und *Chili* (Pfefferfrucht), je nach Wunsch schärfer oder milder im Geschmack.

Unter „Curry" versteht man auf Ceylon die Beilagen zum Reis. „Curry" wird also nicht nur als Bezeichnung für das Gewürz gebraucht wie in Mitteleuropa. Ein ceylonesisches Currygericht besteht aus mindestens einem Dutzend verschiedener Zutaten.

Europäer ziehen im allgemeinen den Curry ohne *Chili* vor, damit der Grundgeschmack nicht durch übermäßige Schärfe verdeckt wird. Man verlange „mild" (milden) oder „white" (weißen) Curry, der weniger scharf gewürzt ist.

Einheimische Spezialitäten

Zu den delikatesten Gerichten gehört *Lamprai* (auch: *Lumpreis*; die Aussprache ist verschiedenartig); das ist feiner Reis, der zuerst zusammen mit *dry curries* (trockenen *Curries* mit mehreren Geschmacksnuancen) gekocht und danach in Bananenblättern ausgebacken wird.

Hoppers (auch: *Egg-Hoppers*) sind ein Mittelding zwischen dünnem Butterteig und Pfannkuchen mit knusprigem, braungeröstetem Rand; über das heiße Gericht wird ein frisches Ei geschlagen, das leicht angebraten wird. Man würzt entweder mit mildem *Curry*, mit Butter oder nur mit Pfeffer und Salz.

String-Hoppers sind ringartig angerichtete gedämpfte Reisflocken (Reismehl), die an Stelle von Nudeln oder Spaghettis als Beilage serviert werden.

Jaggery ist eine Süßspeise aus dem kristallisierten Saft der *Kitul*-Palme.

Andere Süßspeisen sind eine Mischung von einheimischen und alten portugiesischen und holländischen Gerichten aus der Kolonialzeit. Dazu gehört auch *Bolo Fiado*, eine Art Blätterteig-Kuchen, der abwechselnd mit Rosinen und *Cashew*-Nüssen belegt ist. *Fugetti* ist eine in Rosenwasser getränkte Melonen-Süßspeise, die knusprig gebraten und mit Zucker kandiert wird.

Das Angebot an einheimischen Tropenfrüchten ist überaus umfangreich. Es gibt Melonen, Ananas, ein Dutzend verschiedener Arten von Bananen, Avocados, Mangofrüchte, Birnen, Zitrusfrüchte usw. Diese Früchte werden als Nachtisch serviert, aber auch zur Bereitung von Süßspeisen verwendet. Ausgepreßt ergeben sie herrliche Fruchtsäfte. Diese Fruchtsäfte (auch Sprudel) werden auf Ceylon sehr viel getrunken und sind in der Regel preiswert.

Das Hauptgetränk ist der *Tee*. Er wird sowohl auf englische Art (mit Milch und wenig Zucker) als auch ungezuckert und ohne irgendwelchen Zusatz getrunken.

Einheimische Erfrischungsgetränke stammen vielfach aus der *Palme*. „Thambili" oder Kokosnußsaft wird zumeist gleich in der Kokosschale serviert. „Coconut-Toddy" ist ein zu *Arrak* destillierter Kokosnußsaft (noch stärker als *Wodka*).

Außerdem stellt Ceylon ein ausgezeichnetes Bier sowie Gin, Weinbrand und Rum her, Getränke, die der Tourist in den meisten Hotels der Touristenzentren bekommen kann.

Importierte Spirituosen sind teuer. Die Mahlzeiten sind in allen Hotels reichlich und im Preis der Güteklasse des Hotels oder Restaurants angepaßt. Im allgemeinen bezahlt man in einem sehr guten Hotel bzw. Restaurant für eine aus 5 bis 6 Gängen bestehende Mahlzeit weniger als 10,– DM. Ein Currygericht mit Reis erhält man in guten Restaurants bereits für 2,– DM.

Wasser

Das Leitungswasser sollte man nicht unabgekocht trinken. Auf dem Land gibt es zumeist Brunnenwasser, das unbedingt abgekocht werden muß. In den qualifizierten Touristenhotels der Hauptstadt Colombo ist das Trinkwasser ausnahmslos rein und gut.

Reisewege und Fahrpreise

Man kann Ceylon auf dem Luft- und Seewege erreichen. Die Reise auf dem Landweg (etwa 11 350 km) über die Balkanländer, die Türkei, Persien, Pakistan und Indien ist deshalb nicht zu empfehlen, weil eine Durchquerung ganz Indiens notwendig wäre.

Mit dem Flugzeug

Colombo wird von allen größeren internationalen Fluglinien angeflogen. (Swissair, Air Ceylon, Quantas, Air France, KLM, Aeroflot, BOAC, TWA, Indian Airlines u.a.). Von Frankfurt/Main, Düsseldorf und Zürich erreicht man Colombo in 16 bis 20 Stunden mehrmals wöchentlich im Direktflug, sonst täglich mit Transfer (Wechseln des Flugzeugs) in Athen, Bombay oder anderen Städten.

Der internationale Flughafen Colombos ist *Bandaranaike Airport* in *Katanayake*, 37 km nördlich der Stadt. Der Flughafen *Ratmalana* liegt 18 km südlich und wird hauptsächlich im Regional-Flugverkehr, in seltenen Fällen aber auch für den Anflug von Chartermaschinen benutzt. Autobus- und Taxitransfer nach Colombo gibt es von beiden Flughäfen nach jeder Flugzeugankunft.

Flugpreise

		I. Kl.	Tour.-Kl.
Von		DM	DM
Frankfurt/M.	E	2 555,—	1 667,—
Düsseldorf,	R	5 110,—	3 334,—
u.a.			
		ö.S.	ö.S.
Wien	E	19 420,—	12 668,—
	R	38 840,—	25 336,—
		sfr.	sfr.
Zürich	E	3 003,—	1 952,—
	R	6 006,—	3 904,—

E = einfacher Flug
R = Hin- und Rückflug

(Bei Zwischenlandungen im Orient sollen die Fotoapparate im Flugzeug bleiben, da besonders in den arabischen Staaten das Fotografieren von Flugfeldern schwer bestraft wird.)

Große Flugreisebüros in Deutschland und der Schweiz offerieren gut geleitete Ceylon-Gesellschaftsflüge, entweder mit Badeaufenthalt oder kombiniert mit Rundfahrten und Besichtigungen. Der Inklusiv-Preis für den Flug mit Badeaufenthalt beträgt ab Frankfurt ca. 1500,— DM, ab Zürich um 1650,— sfr. und für die Flugreise, Badeaufenthalt kombiniert mit Rundfahrt ab Frankfurt 1700,— bis 2100,— DM, ab Zürich 1900,— bis 2550,— sfr. Auskünfte bei allen Reisebüros.

Mit dem Schiff

Die billigste Verbindung ist derzeit eine Fahrt von einem Atlantik- oder Mittelmeerhafen aus rund um Afrika und durch den *Indischen Ozean* nach *Colombo*. Ab Genua oder Marseille beträgt die Reisedauer etwa einen Monat.

Von den deutschen Reedereien hat die *Hansa-Linie* einen regelmäßigen Dienst nach *Colombo*; einige Schiffe dieser Frachtlinie sind für die Mitnahme von Passagieren eingerichtet. Ebenso die Schiffe der *Polish Ocean Lines*, die von *Gdansk (Danzig)* über *Hamburg* nach *Colombo* fahren. Sie verkehren alle 6 bis 8 Wochen einmal.

Außerdem befahren verschiedene britische Linien die Routen von *London*, *Southampton* usw. nach *Colombo* (P. 80. Line, Glen Line u. a.) sowie skandinavische und jugoslawische Schiffslinien, die auf ihren Frachtschiffen auch eine geringe Anzahl von Passagieren befördern.

Die Fahrzeit beträgt ab London/Southampton und nordeuropäischen Häfen rund um das *Kap der Guten Hoffnung* etwa 33 Tage nach *Colombo*. Nach der Wiedereröffnung des *Suez-Kanals* werden auch zahlreiche Passagierlinien den Verkehr mit Ceylon wieder aufnehmen.

Man kann auch mit den regelmäßig verkehrenden Passagierschiffen des LLOYD TRIESTINO ab italienischem Hafen nach *Bombay* fahren und von dort weiter mit Schiffen indischer Linien.

Fahrpreise

Die Reise um das *Kap der Guten Hoffnung* verteuert die Seereise nach Ceylon beträchtlich. Die Kosten entsprechen ungefähr denen einer normalen Flugreise, sind aber teurer als Charterflugreisen.

So kostet z. B. eine Fahrt in der Zwei- bis Vierbettkabine eines Frachtschiffes inklusive guter und reichlicher Verpflegung, aber ohne Hafengebühren, von europäischen Häfen nach *Colombo* (um Südafrika) rund 1750,— DM.

Das Reisen in Ceylon

Eisenbahnverkehr

Das verstaatlichte Einsenbahnnetz ist gut ausgebaut. Die ersten Züge wurden 1865 in Betrieb genommen. Die heutige Gesamtstreckenlänge beträgt 1440 km. Manche Züge haben Schlaf- und Speisewagen. Expreßzüge gibt es auf den Strecken:

Colombo—Jaffna (7½ Stunden),
Colombo—Kandy (3 Stunden),
Colombo—Nanu Oya (Nuwara Eliya) (6 Stunden) — Badulla (8½ Stunden),
Colombo—Matara (3 Stunden).

Nach allen diesen Orten fahren täglich 4 bis 5 Züge.

Weitere wichtige Zugverbindungen bestehen zwischen Colombo und Anuradhapura (4 Stunden; fünfmal täglich), Trincomalee (9 Stunden; zweimal täglich), Talaimannar — von dort Anschluß mit dem Ferryboat nach Dhanuskodi/Südindien (9 Stunden; zweimal täglich), Polonnaruwa (7 Stunden; zweimal täglich), Batticaloa (10 Stunden; zweimal täglich).

Alle Züge haben II. und III. Klasse. Die I. Klasse gibt es ausschließlich in Zügen mit Schlafkabinen, Klimaanlage oder Aussichts-Salons; Plätze müssen im voraus bestellt werden. Wagen mit Klimaanlage gibt es bei einigen Expreßzügen, die zwischen Colombo — Anuradhapura — Jaffna verkehren. Aussichts-Salons haben manche Züge auf den Strecken Colombo—Kandy—Nanu Oya (Nuwara Eliya)—Badulla und Colombo—Galle—Matara.

Wichtige Fahrpreise (in Rs.)

Von *Colombo* nach	I. Kl.	II. Kl.	III. Kl.
Kandy	11,10	7,25	3,35
Nanu Oya	20,35	13,05	5,70
Anuradhapura	16,90	11,30	5,65
Jaffna	32,65	21,75	10,90
Talaimannar	27,80	18,55	9,30
Trincomalee	24,35	16,20	8,50
Hikkaduwa	7,40	5,—	2,50
Polonnaruwa	21,80	14,35	7,30
Batticaloa	28,80	19,20	9,60

Die Preise für den Aussichts-Salonwagen betragen I. Klasse-Fahrpreis zuzüglich 20,— Rs. und für den Klimaanlagewagen I. Klasse-Fahrpreis zuzüglich 20,— Rs. (Auskünfte an den Bahnschaltern Colombos und bei allen Reisebüros). *De-Luxe*-Dieseltriebwagenzüge werden zumeist von Reiseunternehmen eingesetzt, da eine Mindestzahl von 20 Fahrgästen dafür vorgesehen ist. Die Wagen II. und III. Klasse sind meist überfüllt. Telefonische Zugauskünfte in Englisch erhält man vom *Tourist Information Counter* der *Railway Station* in *Colombo* über die Telefonnummer 21281.

Schlafwagen

gibt es auf den Strecken von Colombo nach Talaimannar (Anschluß mit Ferryboat nach Südindien), Badulla (über Kandy und Nanu Oya), Batticaloa und Trincomalee, Bandarawela, Jaffna und umgekehrt.

In der I. Klasse ist der Schlafplatz mit Bettzeug ausgestattet, in der II. Klasse ist der Liegeplatz ohne Bettwäsche.

Der Schlafwagenzuschlag ist auf allen Strecken der gleiche und beträgt in der I. Klasse 15 Rs., in der II. Klasse 10 Rs. und in der III. Klasse 5 Rs.

Speisewagen

werden in den Morgenzügen von Colombo nach Jaffna, Nanu Oya (Nuwara Eliya) und Badulla sowie in den Abendzügen von Colombo nach Talaimannar, Badulla und Batticaloa mitgeführt.

Ferryboats

Von Rameshwaram/Dhanuskodi (Südindien) nach Talaimannar montags und donnerstags 14 Uhr (Fahrzeit 3½ Stunden). Von Talaimannar nach Rameshwaram dienstags und freitags 10 Uhr. Der Fahrpreis auf dem Oberdeck beträgt 55–90 Rs., auf dem Unterdeck 28–40 Rs. pro Person (Nov./Dez. kein Verkehr). Ein regelmäßiger Bootsdienst führt zu den Inseln Delft, Katys u. a.

Straßenverkehr

Ein Netz von insgesamt 19460 Straßenkilometern verbindet alle Orte der Insel. Die Hauptstraßen sind meist in ausgezeichnetem Zustand. Die zahlreichen *Resthouses* (Rasthäuser) auf der Strecke können ausnahmslos zur Übernachtung empfohlen werden.

Der Autobus-Linienverkehr ist nachweisbar der billigste auf der Welt. Man bezahlt je nach der Strecke 6 bis 10 Cents pro Meile (1,6 km); doch sind die Fahrzeuge zumeist überfüllt, obwohl *Ceylon Transport Board* allein über mehr als 3000 Autobusse verfügt. Sie befahren alle Hauptstraßen. Die Fahrer sind gut und hilfsbereit; das Gepäck kann bis zu etwa 14 kg gratis mitgeführt werden.

Von Colombo aus kann man in luxuriösen Touristen-Autobussen (für 30 bis 35 Personen) ein- und mehrtägige gut organisierte Rundfahrten unternehmen. Empfehlenswerte Rundfahrtunternehmen sind:

Ceylon Express, (World-Travel), Colombo 1, Main Street, Y.M.B.A. Buiiding.

Müller Travel-Service, Colombo 3, Iceland Building, 61 Galle Road.

International Travel Aides Ceylon Limited, Colombo 1, 30–31 York Street, Bristol Hotel Bldg.

Travel Tours and Entertainments, Colombo 1, Second Floor Ceylinco House.

Quickshaws Ltd., Colombo 5, 3 Kalinga Place.

Ceylon Carriers Limited, Colombo 1, 20 A York Street.

Ceylon Tours Ltd., Colombo 2, 47 Parsons Road.

V.I.P. Tours, Colombo 1, 27 York Arcade.

Hermes International, Colombo 1, Bank of Ceylon Bldg., 6 York Street.

Diese Reise-Organisationen beschaffen auch Bahn-, Schiffs- und Flugkarten im Binnen- und Überseeverkehr und sind in der Lage, Mietwagen zu besorgen. Das *Ceylon Transport Board* ist nur für Rundfahrten bzw. Autobus-Vermietung zuständig. Außerdem gibt es in Ceylon noch mehr als 20 andere Reisebüros, in denen der Tourist höflich und zuvorkommend bedient wird. Dreitägige Autobusreisen (alles inklusive) kosten um 90 US $, viertägige um 125 US $.

Mietwagen

sind leicht zu beschaffen. Der Preis schwankt je nach Marke, Modell und Anzahl der Sitzplätze zwischen 3 und 4 Rs. pro Meile (1,6 km). Die Wochenmiete beträgt etwa 850 bis 1050 Rs., die Tagesmiete um 200 Rs. Man kann auch Reiseleiter-Fahrer engagieren. Bei auswärtiger Übernachtung bezahlt man für den Fahrer 25 Rs. extra pro Tag. Bekannte Verleihfirmen in Colombo sind „Quickshaws", „The Gray Line" und „Mercantile Tours".

Taxis

gibt es in den meisten Städten. Der Minimum-Fahrpreis ist 50 bis 60 Cents. Der Taxameter springt jede Meile (1,6 km) um 2,20 Rs. weiter. Nach 21 Uhr darf ein Zuschlag von 20 bis 30 Cents pro Meile gerechnet werden.

Flugverkehr

Es gibt einen regelmäßigen Binnenflugdienst der „Air Ceylon" von Colombo-Ratmalana nach Jaffna, Amparai (Gal Oya Tal), Batticaloa und Trincomalee. Nach Jaffna gibt es täglich zwei Flüge (Flugzeit 1 Stunde), nach Amparai (Gal Oya) einen Flug täglich (1 Stunde), nach Batticaloa 1 bis 2 Flüge wöchentlich (1 3/4 Stunden) und nach Trincomalee einmal täglich (50 Minuten). Außerdem fliegt „Air Ceylon" mehrmals wöchentlich nach Bombay, Madras und Tiruchirapalli in Indien. Flugplätze sollen gewöhnlich einige Tage im voraus bestellt werden. Buchungen über alle Reisebüros oder direkt im *Air Ceylon Office*, Colombo 1, Lower Chatham Street (Tel.: 3 33 71). Die Hin- und Rückflugpreise betragen von Colombo nach Batticaloa oder Gal Oya 180,– Rs., nach Trincomalee 190,– Rs. und nach Jaffna 200,– Rs.

Seit kurzem gibt es auch Hubschrauberrundflüge (Helitours of Ceylon, P.O. Box 594, Colombo). Ein Tages-Rundflug kostet (bei einer Mindestteilnahme von 10 Personen) pro Person US-$ 60 bis 80, ein Zweitages-Rundflug (inklusive Hotelübernachtung und allen Mahlzeiten) US-$ 140,– bis 160,–. Außerdem kann man auch Tagesrundflüge mit den „JET RANGER"-Helikoptern der *Sri Lanka Air Force* zum Preis von US $ 280,– bis 420,– pro vier Personen unternehmen.

Fremdenführer

Das offizielle Touristenamt in Colombo stellt den ausländischen Touristen staatlich geprüfte Englisch sprechende Fremdenführer zu folgenden Tarifen zur Verfügung: Halbtägig (bis zu 5 Personen) 20–30 Rs., ganztägig 30–50 Rs. Für Deutsch sprechende Fremdenführer werden 10–12 Rs. mehr berechnet. Geschulte Fremdenführer sind auch in ausgesprochenen Touristenorten zu ähnlichen Tarifen verfügbar.

Stadtverkehr in Colombo

Praktische Hinweise

Autofahrer

die in Ceylon einen Wagen mieten wollen, benötigen dazu den Internationalen Führerschein. Genaue Auskünfte über Straßenzustand und Routenkarten erhält man bei der *Automobile Association of Ceylon*, Colombo, 28 Church Road, Galle Face. Es wird links gefahren.

Bedienungs- und Trinkgelder

sind in Hotels und Restaurants nicht immer im Rechnungsbetrag enthalten; man gebe etwa 10 Prozent. Außerdem erhält der Zimmerboy im Hotel pro Tag etwa 2 Rupien. Taxifahrern gebe man 10 bis 15 Prozent vom Fahrpreis. Trinkgelder werden überall gerne angenommen.

Camping

Campingplätze sind erst wenige vorhanden. In Nationalparks und Wildschutzgebieten gibt es Rasthäuser bzw. Bungalows zum Übernachten.

Devisenvorschriften

Die Ein- und Ausfuhr von ceylonesischer, indischer und pakistanischer Währung ist verboten. Andere ausländische Zahlungsmittel darf man unbegrenzt einführen. Sie müssen aber deklariert werden. Ebenso muß jeder Geldwechsel in eine Devisendeklaration eingetragen werden, die jeder Tourist bei der Einreise erhält. Bei der Ausreise können sich sonst Schwierigkeiten ergeben.

Ausländischen Touristen wird ein um 65 Prozent besserer Umrechnungskurs gewährt. Zuviel eingewechselte Rupien können bei der Ausreise nach Vorweisung der Devisendeklaration (mit Bankbestätigung der Umwechslung) bis zu 300 Rs. (+ 65 % = 495,— Rs.) in die betreffende Auslandswährung zurückgewechselt werden.

Einkäufe

von Souvenirs und kunstgewerblichen Gegenständen aus Silber, Kupfer, Horn, Elfenbein, Holz, Terrakotta usw. tätigt man gewöhnlich erst nach einigem Herunterhandeln des Preises. Ein typisches Einkaufsviertel in Colombo ist *Pettah*. Vorsicht vor den überall in Ceylon preisgünstig angebotenen Edelsteinen! Wer kein Kenner ist, sollte sie nur in der *People's Bank*, Ceylinco House, Queen Street, Colombo, erstehen.

Wir empfehlen den Einkauf bei *Lak Sala*, dem staatlich geführten Kaufhaus, in dem Souvenirs und einheimisches Kunsthandwerk zu soliden Preisen angeboten werden. *Lak-Sala*-Geschäfte sind in:

Colombo, York Street (Fort),
Galle, 154 Maha Vidiya,
Kandy, 4 Deva Veediya,
Matara, Broadway Street,
Hikkaduwa, Coral Gardens,
Jaffna, 100 & 104 K.K.S. Road,
Kegalla, Kandy Road,
Bambalapitiya, 8 Government Housing Flats.

In der 1971 eröffneten *Kalagarva-Kunst-Galerie* (Ward Place, Colombo) kann man Bilder, Plastiken und andere Kunstwerke lebender ceylonesischer Künstler kaufen.

Feiertage

1966 wurde von der Regierung der Sonntag als allgemeiner Feiertag abgeschafft, 1971 aber wieder eingeführt. Feiertage sind auch die buddhistischen Poya-Tage (bei Vollmond), die immer auf einen anderen Wochentag fallen. An diesen Tagen sind Vergnügungen untersagt, und es darf kein Alkohol ausgeschenkt werden. Der Tag vor dem Vollmond gilt als „Halbfeiertag" (wie der Samstag).

Außerdem feiert man noch zahlreiche andere bewegliche buddhistische und hinduistische Feste, die Moslembevölkerung auch islamische und die auf Ceylon lebenden Christen den Karfreitag, Ostern und Weihnachten. Fixe Feiertage sind der 1. Januar (Nationaler Heldengedenktag), 4. Februar (Unabhängigkeitstag), 1. Mai, 30. Juni und 31. Dezember (Bankfeiertage).

Film und Foto

Filme sind nicht überall erhältlich und teuer. Es wird empfohlen, seine eigenen Filme mitzubringen, da die angebotenen oft überlagert sind. Man achte auf die Tropenfestigkeit und trockene Aufbewahrung!

Fotografieren

Der Ceylonese liebt die Höflichkeit und erwartet, daß man ihn zuerst fragt, bevor man ihn fotografiert. Alte Tempel und *Dagobas*, Paläste und andere Gebäude in Ruinenstädten (Anuradhapura, Mihintale, Polonnaruwa, Sigiriya u.a.) werden von der einheimischen Bevölkerung besonders verehrt und als Heiligtümer betrachtet. Das Fotografieren wird hier oft als taktlos empfunden. Um Zwischenfälle mit der Bevölkerung zu vermeiden, ist hier das Filmen und Fotografieren ohne Genehmigung ausnahmslos verboten. Wer allein reist, muß daher eine Bewilligung (*Photographer Permit*) in der Landessprache mit sich führen, die er vom *Archaeological Department*, Colombo, Edinburgh Crescent, oder bei den zuständigen Behörden von *Anuradhapura*, *Polonaruwa* und *Sigiriya* gegen eine geringe Gebühr erhält. Im Rahmen einer Reisegesellschaft wird der Fremdenführer bestimmen, was gefilmt und fotografiert werden darf. Ohne *Permit* ist auch das Fotografieren in Museen verboten.

Gastfreundschaft

Touristen, die gerne in persönlichen Kontakt mit der einheimischen Bevölkerung kommen wollen, haben die Möglichkeit, über das *Ceylon Tourist Board* Namen und Adressen von interessierten, Englisch sprechenden Privatpersonen und Familien zu bekommen, in deren Haushalt eingeführt zu werden und Sitten und Gebräuche näher kennenzulernen. Mit dem Händeschütteln sollte man auf Ceylon ebenso sparsam sein wie in England.

Wer sehr preiswert in einem ceylonesischen Privathaus wohnen will, verlange am *Visitors Reception Centre* die Liste der Privatvermieter.

Geld

Währungseinheit ist die Ceylon-Rupie (Rs.), die in 100 Cents eingeteilt wird. Valuten und Reiseschecks werden an den Wechselschaltern der Banken mit einer 65prozentigen Touristenprämie umgetauscht. Das ergibt für

1 DM = ca. 4,24 Rs.
1 sfr. = ca. 3,78 Rs.
1 US-Dollar = ca. 10,40 Rs.
1 Rupie entspricht daher etwa 0,24 DM.

Seit 1971 gibt es neue Banknoten. Nehmen Sie keine Geldscheine mit dem Datum 1970 oder früher an.

Informationen

über alle mit einer Reise nach Ceylon zusammenhängenden Fragen erteilen die diplomatischen Vertretungen sowie das *Ceylonesische Fremdenverkehrsamt*, 6 Frankfurt/M., Wiesenhüttenplatz 39, das *Tourist Board* und das *Visitors Reception Centre* in Colombo 1, Hotel Samudra, 25 Galle Face Centre Road. Zweigstellen gibt es auf den Flughäfen *Katunayake* und *Ratmalana* sowie am Hafenbahnhof Colombo.

Das *Ceylon Tourist Board* stellt auch die „Tourist Introduction Card" aus, gegen deren Vorweisung man in staatlich geführten Kaufhäusern, Läden usw. Ermäßigungen und auch kostenlosen Zutritt zu Sportklubplätzen (Golf, Tennis usw.) gewährt bekommt.

Jugendherbergen

Die *Youth Hostel Association* (Jugendherbergsverband), YMCA und YWCA (Verein christlicher junger Männer und Frauen) und YMBA (Verein buddhistischer junger Männer) gewähren jungen ausländischen Touristen billige Unterkunftsmöglichkeiten. Gute Jugendherbergen gibt es in *Colombo*, *Kandy*, *Nuwara Eliya*, *Anuradhapura*, *Trincomalee*, *Anhangawa* (bei Galle). Andere in Frage kommenden Quartiere erfrage man nach der Ankunft am *Visitors Reception Centre* in Colombo oder beim Jugendherbergsverband, Elibank Rd. 30, Colombo 50 (Tel. 8 10 28). Der Übernachtungspreis beträgt etwa 7 Rs.

Kleidung

Anzuraten ist leiche Baumwoll- oder Leinenkleidung, die schnell ausgewaschen werden kann. Am Abend verlangen Clubs und gute Hotels oder Restaurants das Tragen von Krawatten und Jacketts. Am Strand sind ein leichter Hut und Sonnenbrille notwendig. Sandalen oder Slippers sind wesentlich angenehmer als gewöhnliches Schuhwerk. An kühlen Abenden im Hügelland ist ein leichter Mantel nützlich.

Konsulate

In Ceylon:
Deutsche Botschaft:
Colombo 7, (P.O.Box 658) 16 Barnes Place (Tel.: 9 58 14 und 9 58 17).
Österreichisches Konsulat:
Colombo 5, 1 Park Drive, off Park Road (Tel.: 8 48 90).
Schweizerische Botschaft:
Colombo 1 (P.O. Box 340), Upper Chatham Street, 7 Baur's Building (Tel.: 2 94 03 und 2 94 04).
In Deutschland:
Botschaft mit Konsularabteilung, 532 Bonn-Bad Godesberg, Rolandstraße 52. Außerdem Honorarkonsulate in Berlin, München und Hamburg.
In Österreich:
Honorarkonsulat, 1030 Wien, Am Modenapark 1–2.
In der Schweiz:
Generalkonsulat, 1211 Genf 18, 56 Rue de Moillebeau.

Ladenzeiten

Im allgemeinen sind die Geschäfte von 10 bis 18 Uhr, an Samstagen von 10 bis

14 Uhr geöffnet. Die Schalterstunden der Banken sind montags von 9 bis 13 Uhr, dienstags bis freitags von 9 bis 13.30 Uhr. An Samstagen und Sonntagen sind die Banken geschlossen.

Der „Touristenschalter" der *Ceylonesischen Staatsbank* (Fort, Colombo) hat täglich von 8 bis 20 Uhr geöffnet.

Postgebühren

Das Porto nach der Bundesrepublik Deutschland, Österreich und der Schweiz beträgt für den Luftpostbrief 1.55 Rs., für die Luftpostkarte 90 Cents. Luftpostfaltbriefe kosten 80 Cents.

Stromspannung

beträgt 230 Volt Wechselstrom. In kleineren Orten gibt es nur zu gewissen Stunden Generatorstrom.

Touristenpolizei

Sie wurde zur Hilfe für ausländische Besucher eingeführt. Wer in Schwierigkeiten gerät, wende sich an die Zentrale in Colombo 1, Echelon Square, Lotus Road (Tel.: 26941 und 21111).

Unterkunft

Eine Reihe sehr gut und sauber geführter Hotels, Gästehäuser und Rasthäuser aller Preiskategorien sind Mitglied der *Ceylon Hotels Corporation*. Diese Hotels und Gästehäuser werden laufend von den Touristenbehörden überprüft. In den Stadt- und Routenbeschreibungen werden ausschließlich nur diese Hotels angeführt, da sie die Gewähr einer guten, westlichem Standard gemäßen Unterbringung bieten.

Hotels und Gästehäuser (*Guesthouses*) werden im folgenden vor dem Namen mit einem H bzw. G gekennzeichnet, Rasthäuser (*Resthouses*) mit einem R. Gäste- und Rasthäuser haben manchmal nur 2 bis 4 Doppelzimmer, doch sind sie durch ihre zumeist schöne Lage in Touristengebieten, auf der Strecke zwischen zwei Städten, bei Ausflüglern und Autofahrern sehr beliebt.

Die unter ⌘⌘ angeführten Hotels entsprechen der I. Hotelkategorie und besitzen zumeist – sofern sie nicht direkt am Meer oder in Höhenluftkurorten liegen – *Air condition* (AC) = Klimaanlage in den Zimmern und Privatbad (Richtpreis 100 bis 200 Rs.). ⌘ = Sehr gute Hotels, zumeist ohne *Air condition* aber oft mit Privatbad oder Dusche (50 bis 80 Rs.). ⌂ = Gute, saubere Touristenhotels, zumeist ohne Privatbad (15 bis 35).

In diesem Reiseführer sind die offiziellen Preise pro Übernachtung für Einzel- (E:) und Doppelzimmer (D:) in Rupien angegeben. Wenn das Frühstück im Preis eingeschlossen ist, so ist der Preisangabe ein F hinzugefügt.

Sehr gute Hotels berechnen für das Frühstück 6,– bis 10,– Rs., für eine Hauptmahlzeit 10 bis 15 Rs. In einfacheren Hotels liegen die Preise etwas niedriger.

Versicherung

Schiffs- und Flugreisende sind im allgemeinen nur gegen das Beförderungsrisiko im Rahmen der geltenden gesetzlichen Bestimmungen versichert. Es empfiehlt sich daher der Abschluß einer Reisegepäck-, Auslandskranken- und Reiseunfall-Versicherung.

Visum und Paß

Staatsangehörige der Bundesrepublik Deutschland, Österreichs und der Schweiz benötigen für die Einreise einen gültigen Reisepaß (ohne Visum bei einem Aufenthalt bis zu einem Monat), die bezahlte Rückfahr- oder Flugkarte sowie einen internationalen Impfpaß mit der Eintragung einer Pockenschutzimpfung, die nicht älter als drei Jahre sein darf.

Bei einer Reise von oder über Infektionsgebiete (rechtzeitig darüber Informationen bei Reisebüro etc. einholen) wird auch eine Schutzimpfung gegen Cholera (nicht älter als 6 Monate), zu gewissen Zeiten auch gegen Typhus (6 Monate) und Gelbfieber (10 Jahre) verlangt. Die Impfungen sollen zumindest 14 Tage vor Reiseantritt erfolgt sein.

Zoll

Man darf zollfrei 200 Zigaretten oder 50 Zigarren oder 350 Gramm Tabak, 1 Fl. Wein oder Spirituosen, 2 Fotoapparate und 24 Filme, 1 Filmkamera und 10 Filme, 1 Feldstecher, 1 Tonbandgerät, 1 geöffnetes Fläschchen Toilettenwasser oder Parfum usw. als persönliches Reisegut mitbringen. Die Ausfuhr von Antiquitäten bedarf einer besonderen Genehmigung des *Department of National Museums*, Colombo 7, Edinburg Crescent. Tee darf nur in Geschenkpackungen bis zu 5 Pfund ausgeführt werden. Darüber hinaus wird jedes extra Pfund (bis 14 Pfund zulässig) mit 50 Cents besteuert. Schmuck oder Edelsteine, die auf Ceylon mit legal eingewechselten Devisen erworben wurden, sind bis zu einem Wert von etwa **1000 Rs. zollfrei.**

Ferien in Ceylon

Feriengebiete

Im Tropenparadies Ceylon gibt es fünf wichtige Feriengebiete:

1. die Hauptstadt *Colombo*, die mit Recht als „Gartenstadt Asiens" bezeichnet wird, mit herrlichen Parks und blumenübersäten Gärten, Gotteshäusern der Buddhisten, Hindus und Moslems, dem malerischen *Pettah-Basar* und dem vielgepriesenem Strand von *Mt. Lavinia*;

2. das Gebirgsland mit dem Luftkurort *Nuwara Eliya* und der alten Königsstadt *Kandy* mit dem weltbekannten *Botanischen Garten*, reichem Kunsthandwerk und dem berühmten „Perahera"-Fest mit feierlichen Prozessionen, Tänzen usw., zu dem Zehntausende von buddhistischen Pilgern aus ganz Asien kommen;

3. die alten Ruinenstädte *Anuradhapura*, *Mihintale*, *Sigiriya* und *Polonnaruwa* mit den ältesten Kulturzeugnissen Ceylons;

4. die Südprovinz mit herrlichen Badeorten (*Bentota*, *Ambalangoda*, *Hikkaduwa*, *Galle* usw.), die zwischen November und März als „sicher" (keine Haifischgefahr) gelten, und dem Tierparadies des *Ruhuna*-Wildparks, sowie

5. die Ostküste mit Hunderten von feinsandigen, palmenbestandenen Badebuchten zwischen *Batticaloa* und der historischen Hafenstadt *Trincomalee*. Sie gelten zwischen März und September als „sicher".

Sport

Weitverbreitet sind Golf, Basketball, Hockey, Cricket und Tennis. Die *Tourist Introduction Card* (s. Seite 19 „Informationen) ermöglicht die Teilnahme an den Veranstaltungen zahlreicher Sportklubs. Golfspielen kann man in Colombo und in Nuwara Eliya. An den Küsten kann man alle Arten von Wassersport betreiben und auch fischen. Im Hügel- und Gebirgsland um Nuwara Eliya ist Wandern und Bergsteigen beliebt.

Speer-Fischen

Die Ceylon vorgelagerten Korallenriffe bieten unzählige Möglichkeiten für Unterwassersport, Korallentauchen und Speerfischen. Große Tropenfische und zahllose Haie (die den Menschen hier nicht angreifen) können aus nächster Nähe fotografiert werden. Auskünfte: *Ceylon Reefcombers Club*, c/o Vavasseur Trading Co. Ltd., Colombo 10, Deans Road. Unterwasser-Expeditionen veranstalten *Aqua Sports Ltd.*, Colombo 1, 14 Leyden Bastion Road und „The Sea", Raimalana, 31 First Lane.

Theater

gibt es in Ceylon wenige. Bekannt ist das *Lioned-Wendt-Theater* in Colombo, Guildford Crescent No. 18, wo Amateurgruppen in englischer und singhalesischer Sprache alle Arten von Theaterstücken – angefangen von modernen Thrillern bis zur Shakespeare-Komödie – aufführen. Originalspiele in Singhalesisch (Komödien, Melodramen, traditionelle Maskentänze usw.) finden regelmäßig im *Lumbini-Theater* und in der YMBA-Halle in Colombo, aber auch in anderen größeren Städten statt.

Konzerte

Zwei Symphonieorchester spielen in der Touristensaison hauptsächlich in Colombo. Auch Pop- und Beatkonzerte finden häufig statt.

Nachtlokale

In den meisten großen Hotels gibt es Nachtklubs mit einer Tanzkapelle und einem Kabarett. In manchen Nachtlokalen werden auch ceylonesische Tänze gezeigt.
Die bekanntesten Nachtklubs Ceylons befinden sich in *Colombo* in den Hotels „Taprobane" und „Galle Face", im Hotel „Mt. Lavinia", ferner in *Kandy* („Suisse Hotel"). Die Preise entsprechen im allgemeinen dem westeuropäischen Standard.

Bucht von Mt. Lavinia

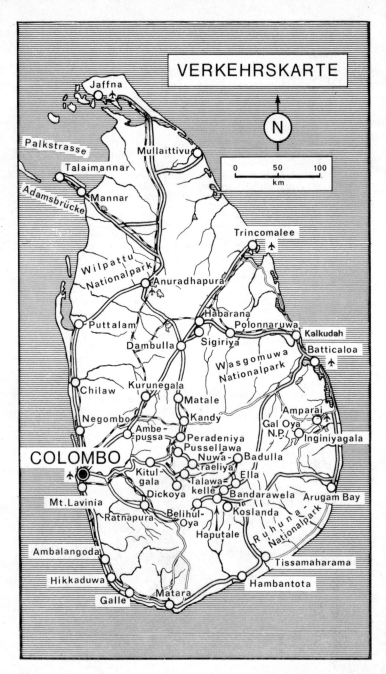

Colombo

Colombo (540 000 Einw.) ist die Hauptstadt und der Haupthafen von Ceylon. Sie liegt an der Westküste der Insel südlich der Mündung des *Kelani*-Flusses und besteht aus vier Hauptteilen: dem Regierungs- und Geschäftszentrum (*Fort*) nahe dem Hafen, der alten Stadt mit dem Basarbezirk *Pettah*, dem geschäftigen *Galle Face*-Viertel an der Strandpromenade und dem Wohn- und Villenviertel *Cinnamon Gardens* („Zimtgärten") mit zahlreichen Parks und Sportplätzen.

Der Name Colombo wird vom singhalesischen „Kolamba" abgeleitet, was sowohl „Mangobaumblatt" als auch „Hafen" bedeutet. Colombo wurde von den chinesischen Seefahrern des 14. Jahrhunderts *Kao-Lan-Pu*, von arabischen Händlern *Calenbou* und von den Portugiesen *Columbo* genannt.

Altes und Modernes, Tradition und Fortschritt, Orient und Okzident haben Colombo zu einer kosmopolitischen Stadt gemacht, die als eine der saubersten in Südasien bezeichnet wird. 80 Prozent der Einwohner sind *Singhalesen* (zum Großteil *Buddhisten*), der Rest besteht aus Tamilen, Indern, Parsen, Chinesen, Europäern und Halb-Europäern.

Die Bezeichnung „Gartenstadt Asiens" erhielt Colombo wegen seiner zahlreichen schönen Parks und dem Überfluß an tropischen Gewächsen und Blumen (Hibiskus, Bougainvillea, Palmen, Jasmin, Oleander usw.) in den öffentlichen Gärten.

Colombo ist Ausgangspunkt für die meisten interessanten Ausflüge und für Inselrundfahrten. Hier gibt es sehr gute, moderne Hotels.

GESCHICHTE

Der Überlieferung nach soll Colombo schon zur Zeit der Königin von *Saba* und König *Salomos* als Ausfuhrhafen für Edelsteine und Juwelen gedient haben. Nach buddhistischer Überlieferung wurde *Kelaniya* (bei Colombo) um 500 v. Chr. von *Gautama Buddha* besucht. Historisch belegt ist, daß der Hafen von Colombo schon den frühen Singhalesenkönigen und Seefahrern aus Indien, China, Malaya und Arabien bekannt war. Die *Portugiesen* waren die ersten Europäer, die im Jahre 1505 nach Colombo kamen und von hier aus den Handel mit Gewürzen und Edelsteinen betrieben. Zu dieser Zeit war das 10 km im Landesinneren liegende *Kotte* (das alte *Jayawardhanapura*) die Hauptstadt des Singhalesenreiches. Die Portugiesen befestigten die Stadt, wurden aber nach 150jähriger Kolonialzeit 1655 von den *Holländern* vertrieben. 1796 wurde Colombo von den *Engländern* erobert, die fortan von hier aus das Land zu regieren begannen. 1855 begann man mit dem Bau der ersten Eisenbahn von Colombo nach *Kandy*. Durch den rasch steigenden Export von *Tee*, *Gummi* und *Kopra* wurde Colombo bald zum wichtigsten Handels- und Geschäftszentrum von Ceylon und zu einer der führenden Hafenstädte Südasiens. 1904 wurde der Hafen gründlich erneuert. Heute zählt er zu den besten künstlichen Häfen der Welt.

Mit der Unabhängigkeitserklärung von Ceylon im Jahre 1948 wurde Colombo Sitz der neuen Regierung und des Parlaments. 1950 wurde hier eine Konferenz der Commonwealth-Staaten abgehalten, bei der die technische Zusammenarbeit aller Mitgliedstaaten beschlossen wurde. („Colombo-Plan"). 1954 besuchte Königin *Elisabeth II.* die Stadt. 1955 fand hier die Sitzung der asiatischen Premierminister statt.

Das heutige Stadtbild zeigt Colombo als moderne Regierungshauptstadt mit neuzeitlichen touristischen Einrichtungen, in der aber auch die traditionellen und historischen Viertel und Gebäude gepflegt werden.

Straßenszene in Colombo

SEHENSWÜRDIGKEITEN

Stadtrundfahrten können mit Reiseautobussen vieler Reisebüros (s. Seite 17) oder selbständig mit Doppeldecker-Autobussen bzw. mit Taxis (Fahrpreis etwa 2,20 Rupien für 1,6 km) unternommen werden. Stadtzentrum ist das

Fort. Hier befinden sich die großen Banken, Touristenhotels, Kaufhäuser und Geschäfte für Textilien, Juwelen, Kunsthandwerk, Souvenirs, Schiffs-, Flug- und Reisebüros, Regierungs- und Botschaftsgebäude.

Den Namen ,,Fort" erhielt dieser Bezirk, weil zur Zeit der portugiesischen und holländischen Kolonialherrschaft (16. bis 18. Jahrhundert) hier das befestigte Burgviertel lag. Die vier Hauptstraßen sind: *Chatham*, *York*, *Baron Jayatilleka Mawatha* (ehemalige *Prince-*) und *Janadhipathi Mawatha* (ehemalige *Queen-*)*Street*. Aufgrund seiner Hafennähe (einer der größten künstlichen Häfen der Welt) ist dieses Viertel zu jeder Tageszeit belebt. Ein Rundgang führt an folgenden Gebäuden vorbei:

Queen Elizabeth Quai (1). Hier legen die großen Ozeanschiffe an, die Colombo anlaufen. In der Nähe liegt das *Port-Terminal*-Gebäude und das Zollamt. Man geht durch die *Church Street* weiter bis zum

Senatsgebäude (2) und ,,Neuen Sekretariat" (dahinter ist die dänische Botschaft) und biegt rechts in die *Janadhipathi Mawatha* ein. Rechts liegt der *Republic Square* (3) mit einer schönen Parkanlage. Das

Janadhipathimedura (4), die ehemalige Residenz des Generalgouverneurs, ist heute der Amtssitz des Staatspräsidenten. Das langgestreckte weiße Gebäude in britischem Kolonialstil ist von einer prächtigen Gartenanlage umgeben. Gegenüber liegt das Hauptpostamt (5). Man folgt der *Janadhipathi Mawatha* bis zum

Clock Tower (Uhrturm) (6), der Mitte des vorigen Jahrhunderts erbaut wurde. Bis 1952 diente er als Leuchtturm — das einzige Leuchtfeuer der Welt auf einem Uhrturm inmitten eines Stadtzentrums. Von der Dachplattform hat man einen schönen Rundblick auf die Stadt. (Wenige Schritte weiter rechts ist die schweizerische Botschaft.)

Die *Janadhipathi Mawatha* führt nun direkt zum

Parlament (7), dem *House of Representatives* und dem *Sekretariat*. Es ist eines der imposantesten Gebäude Colombos und ein Wahrzeichen der Stadt, geht am Parlamentsgebäude vorbei, durch die *Lotus*

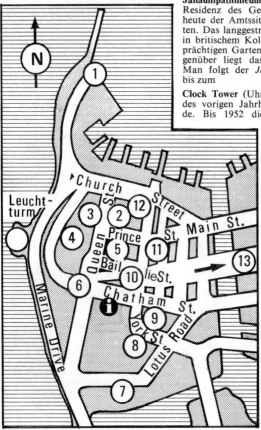

Pettah-Viertel

Road und biegt bei der *York Street* links ab. Hier liegt das *Ceylinco Hotel* (8), von dem man einen herrlichen Blick auf das Meer hat. Rechts sieht man das Hauptbüro der *Air Ceylon* (9). Nun folgt man der *York Street* und erblickt links das staatlich geführte *Lak-Sala*-Kaufhaus (10) für Souvenirs und Kunsthandwerk und wenig später rechts das *Bristol Hotel* (11). In der York Street 24 liegt auch die *State Gem Corporation* mit sehenswerten Schauräumen, in denen alle in Ceylon vorkommenden Edelsteine und Juwelen ausgestellt sind. (Man kann sie auch käuflich erwerben.)

Hotel Taprobane (12), einem der besten und bekanntesten Hotels Ceylons, wieder die *Church Street*. Vom „Harbour Room" auf dem Dach des Hotels hat man — besonders nachts — einen unvergeßlichen Ausblick. Gegenüber, am „Passenger Jetty", der Bootsanlegestelle, ist das *Ceylon Tourist Center*. Als nächsten Stadtteil besichtigt man

Pettah (13), das alte Viertel. In diesem überaus belebten Bezirk findet man Gebäude aller Zeitepochen, Kirchen und Tempel, Basare und Fischmärkte, durch die sich unzählige enge Straßen winden, in denen man alles, vom billigen handgewebten Sari bis zum kostbaren Edelstein, kaufen kann. In den Basaren ist es überall üblich, kräftig um den Preis zu feilschen. Kunsthandwerkliche Arbeiten ersteht man oft sehr billig. Auch chinesische und japanische Raritäten, alte Bücher (oft Erstausgaben) u. dgl. kann man hier preiswert erstehen.

Man erreicht den Stadtteil *Pettah* vom Fort aus am besten auf der *Main Street* über den *Beira-Kanal*, der den *Beira-See* mit dem Hafenbecken verbindet. Sehenswert in diesem Viertel, das früher das Wohnviertel der holländischen „Burghers" war, sind die malerischen Orient-Basare und die Obstmärkte, wo Bananen, Melonen, Papayas, Mangofrüchte (*Mangosteens*) und Kokosnüsse (die großen orangefarbenen sind Trinkfrüchte, die kleinen gefaserten zum Essen) zum Kauf verlocken.

Händler bieten Stoffe aus Wolle und Kunstfasern an, die an Ort und Stelle von geübten Schneidern innerhalb weniger Stunden zu Maßanzügen preiswert geschneidert werden. Auch gute Sandalen erhält man hier in kürzester Zeit maßangefertigt.

Südlich der Altstadt liegt der Hauptbahnhof *Colombo-Fort* (14).

Nördlicher Stadtteil

Wenn man das *Pettah*-Viertel über die *Main Street* verläßt, gelangt man auf einen weiten Marktplatz. Links führt die *Sea Street* an den Läden von Reis- und Baumwollhändlern und an zwei Hindu-Tempeln vorbei zum östlichen Hafenbecken, Kohlenlager und zu den Docks. Man folgt jedoch der *Wolfendahl Street* und gelangt zur

Wolfendahl-Kirche (15). Sie wurde 1749 von den Holländern erbaut und steht an der Stelle der alten portugiesischen Kirche *Aqua de Lupo*. Die wuchtige niederländisch-reformierte Kirche in Kreuzform ist das besterhaltene Bauwerk aus der holländischen Kolonialzeit. Interessant sind die Monumente, Totenschilder und Gruftinschriften hoher Kolonialbeamter. Vom Hügel, auf dem sich die Kirche befindet, hat man einen schönen Rundblick über Stadt und Hafen.

Dann fährt man in nördlicher Richtung zum

Alten Hindu-Tempel (16) in der *Sea Street*. (Man betritt ihn, wie auch alle

Parlament

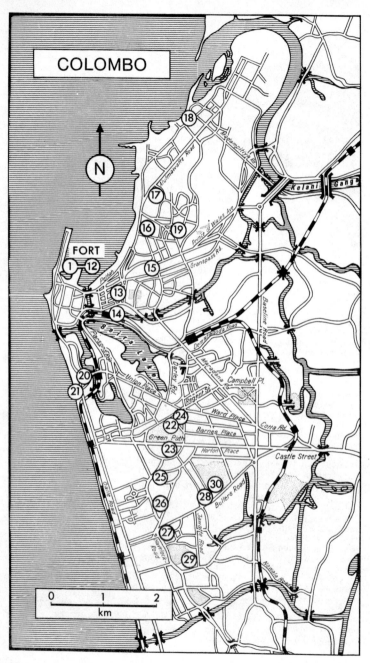

anderen Hindu- und buddhistischen Tempel, ohne Schuhe). Die Altäre mit Hindu-Gottheiten sind sehenswert. Jedes Jahr im Juli bzw. August wird beim *Vel-Fest* ein reichgeschmückter Wagen mit den ,,Ayudha" (Waffen) des Hindu-Kriegsgottes *Skanda* von hier aus quer durch die Stadt nach *Bambalapitiya* (an der *Galle Road*) und wieder zurück zum Tempel gezogen. Bei dieser Feierlichkeit sind die Straßen, durch die die Prozession führt, mit Stößen von Zuckerrohr eingefaßt und alle Hinduhäuser mit Bananenpalmen geschmückt. Fliegende Händler und Back- und Zuckerwerk-Verkäufer beleben zu dieser Zeit das Bild der Straßen, auf denen eine angeregte Atmosphäre herrscht.

Noch weiter nördlich liegt die

Cathedral of Christ Church (17). Diese anglikanische Kathedrale (im Volksmund ,,Stone Church" = Steinkirche) wurde 1845 erbaut. Sie ist von einer schönen Parkanlage umgeben, die *Dr. Chapman*, der erste anglikanische Bischof Colombos, stiftete.

Wenn man noch weiter in nördlicher Richtung fährt, gelangt man in den Stadtteil *Mutwal* (auch ,,Fishers Hill"), der fast ausschließlich von singhalesischen Fischern römisch-katholischen Glaubens bewohnt wird. Hier gibt es viele römisch-katholische Kirchen. Die bekannteste ist die *St.-James-Kirche* (18) nahe an der Mündung des *Kelani*-Flusses.

Man hält sich nun östlich, bis man wieder den *Kelani*-Fluß erreicht, der hier eine große Schleife macht, und über den die alte Victoria-Brücke und die neue Kelaniya-Brücke führen. Am palmenbestandenen Flußufer liegen die kleinen Häuser der Einheimischen in ihrem traditionellen Stil zwischen hohen Bäumen.

Auf dem Rückweg über die *Prince of Wales Avenue* zum *Pettah*- und *Fort*-Viertel kann man bei der *Skinners Road* rechts abbiegen und die römisch-katholische

Santa-Lucia-Kathedrale (19) besuchen, die als schönstes christliches Bauwerk der Insel Ceylon gilt. Ihr angeschlossen sind ein *Knaben-College* und ein Kloster.

Südlicher Stadtteil

Man verläßt das Stadtviertel *Fort* über den *Marine Drive* und gelangt auf die *Galle-Face*-Promenade, die sich in schnurgerader Richtung nach Süden zieht. Links sieht man das Kriegerdenkmal (*War Memorial*) und das *Samudra-Hotel* mit dem Hauptbüro des

Ceylon Tourist Board (20) und dem *Visitors Reception Centre*. Hier erhält man alle touristischen Auskünfte.

Knapp vor dem *Galle Face Hotel* führt links eine Straße zur *Automobile Association*, wo Auskünfte über Mietwagen, Straßenzustand usw. gegeben werden. Das

Hotel Galle Face (21) liegt ganz nahe am Meer und gehört zu den besten in Südasien. Es besitzt einen Nachtklub, ein eigenes Schwimmbad, einen großen Ballsaal für Tanzveranstaltungen, Konferenz- und Bankettsäle, Geschäfte, Wechselstuben, eine Wäscherei usw. Sehenswert ist die im Hotel befindliche *Galle-Face-Kunstgalerie*, in der die besten Maler und Bildhauer Ceylons ihre Werke zum Verkauf ausgestellt haben.

Nur wenige Schritte weiter liegt die Botschaft der USA.

Man überquert nun die Gleise der Eisenbahn, die an der Küste entlang über Mount Lavinia, Moratuwa, Kalutara, Hikkaduwa und Galle nach Matara führt.

Links ist die *Schottische Kirche*, rechts der *Swimming Club*, die Botschaft von Großbritannien, die *Methodistenkirche* und die Bahnhaltestelle *Kollupitiya*.

Von der *Galle-Face*-Promenade sind sehr schöne Sonnenuntergänge am Meer zu beobachten. Abends kann man hier zusehen, wie zahllose Papierdrachen in den Himmel steigen. Eine angenehme Seebrise macht den Aufenthalt zum Vergnügen.

Man biegt links ab und kommt zum

Vihara Maha Devi Park (22). Diesen Namen erhielt er nach der Mutter des Singhalesenkönigs *Duttha Gamani*. Er ist aber auch noch unter dem früheren Namen ,,Victoria Park" bekannt. Hier gibt es eine Vielfalt von blühenden Bäumen (Blütezeit: März bis Anfang Mai) und exotischen Pflanzen, Lotus- und Lilienteichen und schönen Springbrunnen usw. Im Süden des Parks liegen die *Öffentliche Bibliothek*, das *Museum* und eine *Gemäldegalerie*. Das

Colombo-Museum

Colombo-Museum (23) wurde 1877 in victorianischem Stil erbaut und ist die Stiftung eines mohammedanischen Philantropen. Es zeigt historische Gegenstände zur über 2000 Jahre alten Geschichte Ceylons, Antiquitäten und Juwelen, Bronze- und Elfenbeinarbeiten, verschiedenes Kunsthandwerk, Möbel, traditionelle Kostüme, alte Münzen, uralte Bücher (auf Palmenblätter geschrieben) und naturgeschichtliche Ausstellungsstücke. Im Erdgeschoß sind wertvolle Steinfragmente und eine große Löwenstatue aus *Polonnaruwa* zu sehen. (Auf dieser Löwenstatue sitzend pflegten die Könige Recht zu sprechen). Außerdem gibt es hier eines der berühmten Fenster aus dem alten Palast von *Yapahuwa* (13. Jh.), die Statue von König *Parakrama Bahu* (1153), Bronzestatuen aus *Polonnaruwa*, eine steinerne Buddhastatue aus *Toluvila* und andere bedeutende Kunstwerke. An den Wänden des Treppenhauses sieht man Kopien der weltberühmten Mädchenfresken von *Sigiriya* (5. Jh.). Diese Kopien sind deshalb sehenswert, weil die Originale in Sigiriya (s. S. 47) oft nur schwer zugänglich und nicht immer gut beleuchtet sind. Überaus wertvoll sind auch Löwenthron, Fußschemel und Krone des letzten Königs von *Kandy* (1815). (*Geöffnet täglich außer freitags und samstags von 9 bis 17 Uhr.*)

Anschließend an den *Vihara Maha Devi Park* breitet sich das ehemalige Residenzviertel *Cinnamon Gardens* („Zimtgärten") aus, in dem sich die Mehrzahl aller ausländischen Botschaften und Konsulate (auch der Bundesrepublik Deutschland) befinden. Im Nordosten des Parks liegt am *De Soysa Circus* das

Rathaus (24), ein modernes weißes Gebäude mit mächtiger Kuppel. Nur wenige Schritte davon entfernt ist die sehenswerte *Devatagaha-Moschee*, ein palastartige Gebäude mit acht kleinen Minaretts aus der Zeit um 1860.

Man verläßt den Park im Süden und sieht links das

Lionel-Wendt-Theater (25), ein Kulturzentrum, in dem abwechselnd gute Amateurtruppen Schauspiele aller Art aufführen. Hier werden auch ausländische Filme gezeigt.

Man folgt der *Thurstan Road* bis zur *Colombo-Universität* (26), biegt beim *UNO-Hauptquartier* (27) links ab und fährt über die *Baudhaloka Mawatha*, an dem ehemaligen Pferderennplatz vorbei, zu den Rundfunkgebäuden von *Radio Ceylon*. (28). Südlich liegen die *Asokaramaya-* (29) und andere sehr schön geschmückte Buddhatempel, die man über die *Havelock* und *Jawatte Road* erreicht.

Zwischen den Rundfunkgebäuden und der modernen *Unabhängigkeitshalle* (30) biegt man links ab und fährt wieder durch das Villenviertel „Cinnamon Gardens", an zahlreichen Gartenanlagen mit blühenden tropischen Gewächsen und großzügigen Sportplätzen vorbei, zum *Vihara Maha Devi Park*.

Die Rückfahrt kann durch den Stadtteil *Kompannaveediya* erfolgen, der auf einer Halbinsel liegt (Süßwassersee im Westen, Beira-See im Osten). Über eine Brücke erreicht man beim *Regal*-Filmtheater wieder den Stadtteil *Fort*.

Viele interessante Tempel liegen in der Nähe der Autobus- und Bahnstation *Bambalapitiya* an der *Galle Road*. Man besuche den *Hindu-Kovil* (große Feierlichkeiten im Juli bzw. August; Musikkapellen, Schaubuden usw.) und die Buddhatempel *Asokaramaya*, *Vajiraramaya* (buddh. Hochschule) und *Isipathanaramaya*. Zumeist ist ein Besuch eines dieser Tempel in einer Stadtrundfahrt der Reisebüros eingeschlossen. Überaus interessant ist auch eine in den östlichen Stadtteil

Borella, wo das pittoreske Leben der Einheimischen besonders gut beobachtet werden kann. Hier besuche man den *Gotami-Vihare*-Buddhatempel, auf dessen Wänden der bekannte einheimische Künstler *George Keyt* Szenen aus dem Leben Buddhas dargestellt hat. Sie gelten als die modernsten, die es in ganz Asien in einem Buddhatempel gibt. In der *YMBA-Halle* (Verein buddhistischer junger Männer) finden oft Aufführungen singhalesischer Originaldramen und musikalischer Komödien statt, die in ihrer Fremdartigkeit immer wieder den ausländischen Besucher faszinieren.

PRAKTISCHE HINWEISE

Information:
Ceylon Tourist Board und Visitors Reception Centre, "Hotel Samudra", 25 Galle Face Centre Road. Zweigstelle am "Passenger Jetty" vor dem Hafen sowie an den Flugplätzen *Katanayake* und *Ratmalana*. Touristische Auskünfte aller Art erhält man auch von der Tourist Police, Flagstaff Street/Queen Street.

Verkehr:
(Siehe unter "Das Reisen in Ceylon" Seiten 16/17.)

Unterkunft:
🏨 LH "Lanka Oberoi" (AC), E: 120–140, D: 155–200.
🏨 LH "Holiday Inn" (AC), E: 140, D: 180.
🏨 LH "Ceylon Intercontinental Sri Lanka" (AC), E: 180–200, D: 210–240.
🏨 H "Galle Face" (AC), E: 110–180, D: 140–220.
🏨 H "Ceylinco" (AC), E: 50–65, D: 80–175.
🏨 H "Taprobane" (AC), E: 80, D: 120–140.
🏨 H "Havelock Tourinn", (AC), E: 90 (F), D: 120–140 (F).
🏨 H "Harendra", E: 65, D: 130.
🏨 H "Samudra", E: 60 (F), D: 80 (F).
🏨 H "Sea View", E: 60 (F), D: 95 (F).
🏨 G "Elephant Walk", E: 40–50 (F), D: 60–80 (G).
🏨 G "Park Rest Guest House", E: 25, D: 50.
🏨 G "Green Pastures", E: 20–25, D: 30–40 u.v.a.
(Zeichenerklärung s. S. 20).

Jugendherbergen (△):
1) *Youth Council Hostel*, 30 Elibank Road, Colombo 5.
2) *Boy Scouts Hostel* 131 und 151 *Baladaksha Mawatha*, Colombo 3.
3) *Girl Guides Hostel*, 10 Sir Marcus Fernando Mawath, Colombo 7.
4) *Youth Council Training Centre Hostel*, Talangama (10 km von Colombo).

AUSFLÜGE

1. Kelaniya (10 km). Hier befindet sich einer der berühmtesten Buddhatempel Südasiens, der *Raja Maha Vihare*. Es wird behauptet, daß er zu Lebzeiten Buddhas gegründet wurde. Nach der Legende hat ihn Buddha persönlich besucht. Die *Dagoba* wurde im 3. Jahrhundert v. Chr. von König *Katala-Tissa* erbaut und soll einen edelsteinbesetzten Thron bergen, auf dem Buddha saß. Man erreicht den Tempel von Colombo aus über die *Prince of Wales Avenue*, fährt auf der *Victoria-Brücke* über die *Kelani-Ganga* und durch eine üppige Tropenlandschaft und Kokosnußplantagen, an den typischen Holzhäusern der Einheimischen vorbei, bis *Kelaniya*. Es gibt auch eine Autobus- und Eisenbahnverbindung.
John Hagenbeck, der 1885 als Einkäufer exotischer Tiere nach Ceylon kam, kopierte das Tor des Tempels von Kelaniya im *Hamburger Tierpark*. Beim Tempel ist ein großes Buddhakloster, und im Ort sind zahlreiche Stände für Keramikwaren, Blumen, Früchte und Souvenirs. An Vollmondtagen und zu buddhistischen Festen ist der Ort von Pilgern überfüllt.

2. Dehiwela—Mount Lavinia (13 km). 11 km südlich von Colombo liegt der *Dehiwela Zoo* (*geöffnet täglich von 8 bis 18 Uhr*), den man am besten mit Taxi oder Autobus von jeder Haltestelle in der *Galle Road* erreicht. Er wird zu den schönsten Tiergärten Asiens gezählt und beherbergt sowohl einheimische wie auch Tiere aus anderen Teilen Asiens. Der Zoo liegt in einem herrlichen Landschaftsgarten und hat ein gutes Restaurant. Beste Besuchszeit ist zwischen 16 und 17 Uhr vor der Fütterung. Täglich um 17.15 Uhr findet auf dem Rasen des "Amphitheaters" unterhalb des Restaurants ein "Elefantenzirkus" statt. Die Elefanten spielen Mundharmonika, tanzen dabei und zeigen ihre Kunststücke. Das Aquarium, mit über 500 Arten seltener Tropenfische, ist weltberühmt. Noch 2 km weiter südlich liegt der berühmte Badeort *Mount Lavinia*, den man ebenfalls mit Autobus, Taxi oder Eisenbahn erreichen kann. Bei Stadtrundfahrten ist eine Fahrt hierher zumeist eingeschlossen. Palmenwälder reichen oft ganz nahe an den kilometerweiten herrlichen Sandstrand. Man kann hier Schwimmen, Angeln, Speerfischen, Segeln und alle Arten von Unterwassersport betreiben. Von der Terrasse des vornehmen *Mt.-Lavinia-Hotels* (früher britische Gouverneurs-Residenz) hat man einen schönen Blick auf Colombo. Hochsaison ist hier November bis Mai.

🏨 H "Mount Lavinia Hyatt", E: ab 100, D: ab 155.
🏨 H "Lavinia Cabana", E: 95 (F), D: 160 (F).
🏨 H "Holiday Inn", E: 50, D: 95.

Jaffna

Jaffna (100 000 Einw.) ist die größte Stadt und ein bedeutender Hafen auf der gleichnamigen Halbinsel im äußersten Norden Ceylons. Sie war früher die Hauptstadt eines unabhängigen *Tamilen*-Königreiches. Häufig stößt man auf jahrhundertealte Spuren südindischer Eroberer. Außerdem war die Stadt der letzte Stützpunkt der *Portugiesen* auf Ceylon, bevor sie durch die *Holländer* im Jahre 1658 vertrieben wurden.

Heute ist Jaffna ein wichtiges Handelszentrum für *Mangos* (man bezeichnet sie als die schmackhaftesten der Welt; Erntezeit ist Mai bis Juli), Granatäpfel, Reis, Baumwolle und Tabak. Außerhalb der Stadt unterbrechen große *Palmyra*-Palmenhaine die wüstenartige, trockene Landschaft.

An den Küsten liegen weite *Salzpfannen* (durch Verdunstung des Meerwassers wird hier viel Salz gewonnen). Schließlich ist Jaffna auch durch sein feines Kunsthandwerk bekannt (Goldfiligran-Arbeiten aus 22karätigem Gold; Flechtarbeiten aus *Palmyra*-Palmblättern). Die Bevölkerung der Stadt besteht zum größten Teil aus *Tamilen*. Amerikanische Missionare machten Jaffna seit 1816 zu einem Stützpunkt christlicher Missionstätigkeit auf Ceylon. Ihr Einfluß ist besonders im Erziehungswesen und auf medizinischem Gebiet unübersehbar. Tausende von Kindern werden von ihnen in den Missionsschulen *Uduvil*, *Vaddu Koddai* und *Kopai* erzogen. Missionsspitäler werden in *Inuvil* und *Manipay* (*Green Memorial Hospital*) geführt. Das *Rosarion*-Kloster *Tholacutty* ist in ganz Ceylon bekannt.

SEHENSWÜRDIGKEITEN

Unter der früheren portugiesischen Kolonialherrschaft wurden leider alle bedeutenden Zeugnisse der Hindu-Kultur — Tempel, Paläste, Pagoden und *Kovils* (Schreine) — zerstört. Man kennt nur mehr ihre einstige Lage und mehr oder minder verbliebene Baureste. Die großen Hindu-Tempelfeste (z. B. *Maviddapuram*, *Nallur*, *Nayinativu* u. a.) werden aber heute noch mit Umzügen von unvorstellbarer Farbenpracht gefeiert. Unter den vielen neuerbauten Hindutempeln ist der

Nallur-Tempel (1) (*Kandaswamy-Kovil*) einer der wichtigsten. Seine Fassade ist mit Hindu-Gottheiten von wechselndem künstlerischen Wert geschmückt. Alljährlich findet hier im Juli bzw. August eines der bedeutendsten Hindufeste Ceylons statt. Dabei werden riesige Festwagen, die mit reichen Holzschnitzereien verziert sind, durch die Stadt gezogen.

An die holländische Kolonialzeit erinnert das

Alte Fort (2). Es wurde 1680 erbaut und ist heute noch vollkommen erhal-

Fassade des Nallur-Tempels

ten. In ihm liegt *King's House*, der ehemalige Sitz des holländischen Gouverneurs, das auch dem britischen Generalgouverneur bei seinen Besuchen in Jaffna als Residenz diente, und die

Groote Kerk (3) mit charakteristischen Giebeln und schönen alten Grabsteinen aus dem 17. Jahrhundert. Die Kirche aus dem Jahre 1706 kann täglich bis 16 Uhr besichtigt werden. An der *Esplanade* steht ein schöner

Glockenturm (4) aus dem Jahre 1882. Sehr sehenswert ist auch das

Archäologische Museum (5) in der *Main Street*.

Der Stadt vorgelagert sind zahlreiche kleinere Inseln, die regelmäßig mit Ferryboats zu erreichen sind. Auf der

Insel Velanai steht noch ein portugiesisches Fort aus dem 16. Jahrhundert. Auf der

Insel Hammenhiel befindet sich ein holländisches Fort aus dem 17. Jahrhundert. Es hat große Ähnlichkeit mit *Château d'If* bei *Marseilles*. Man erreicht *Hammenhiel* von der Nachbarinsel *Kayts*, wo Ruderboote vermietet werden. Die

Insel Delft ist bekannt für ihre Pferdezucht. Diese Pferde wurden erstmals im 16. Jahrhundert von den Portugiesen aus *Arabien* hierher gebracht und leben zum Teil noch wild und in völliger Freiheit. Außerdem gibt es hier ein berühmtes *Vogelschutzgebiet* und einen riesigen alten *Baobab* (Affenbrotbaum), der unter Naturschutz steht. Das frühere portugiesische Fort ist schon sehr verfallen. Auf der

Insel Nayinativu sind der moderne Buddhatempel *Nagadipa Vahira* und der große Hindutempel *Nagapushani Ammal Kovil* sehenswert.

In der Umgebung von Jaffna kann man die alten portugiesischen Kirchenreste *Myliddy* und *Chankamai*, die Ruinen der buddhistischen *Chunnakam (Hunugama) Dagoba*, das Ausgrabungsfeld bei *Kantorodai* mit uralten buddhistischen Bauresten und noch viele andere historische Überreste sehen. *Hindutempel* liegen oft malerisch inmitten weiter Sanddünen. Im Norden liegt

Kankesanturai, die Endstelle der Eisenbahn, wo es weite, sandige Badestrände in einer Ausdehnung von mehr als 18 km gibt. Auch die anderen Badestrände auf der Halbinsel Jaffna zeichnen sich durch ihren feinkörnigen Sand aus.

Man kann Wasserski fahren, segeln, fischen und alle Arten von Unterwassersport inklusive Haifisch-Speeren ausüben.

Seeadler, Flamingos und viele andere Wasservögel gibt es an allen Küsten.

PRAKTISCHE HINWEISE

Verkehr:

Tägliche Eisenbahn- und Flugverbindung mit *Colombo* (Siehe Seite 16).

Unterkunft:

🏨 H „Palm Court", 202 Main Street (AC), E: 35–55 (F), D: 60–100 (F).
🏨 H „The Blue Ribbon", Kachcheri Nallur Rd., E: 25–40 (F), D: 35–60 (F).
🏨 H „Subhas", 15 Victoria Rd., E: 50–90 (F), D: 80–160.
⌂ G „Palm Beach", Vallalai, Atchuvely, E: 10–18, D: 20–30.
Außerdem sechs Rasthäuser.
△ YMCA.

Palmyra-Palmen vor Jaffna

Galle

Galle (sprich: *Gohl*; 76000 Einw.) ist eine wichtige Hafenstadt im Süden Ceylons. Der Naturhafen von Galle (singhalesisch: *gala* = Felsen) war schon im Altertum bekannt. Man sagt, daß es sich bei der Stadt um das biblische *Tarsis* aus der Zeit des Königs *Salomon* handle.

Bis zur Fertigstellung des künstlichen Hafens in Colombo war Galle der Haupthafen der Insel Ceylon. Er wird auch heute noch von Handelsschiffen aus aller Welt angelaufen. Besonders *Tee* wird von hier ausgeführt. Galle ist auch ein Zentrum des Thunfischfangs und der damit verbundenen Thunfischindustrie.

Berühmt in ganz Ceylon ist die einheimische Spitzenerzeugung. Spitzenklöpplerinnen verfertigen hier außergewöhnlich dekorative Spitzenarbeiten. Diese Kunst wurde im 16. Jahrhundert von den *Portugiesen* eingeführt. Bedeutende Kunsthandwerke sind auch das Anfertigen von Schmuckstücken aus Schildpatt und Muschelschalen, das Schnitzen von Elefanten aus Ebenholz und Elfenbein und das Edelsteinschleifen.

Im Jahre 1505 betraten hier die Portugiesen erstmals den Boden Ceylons. Sie errichteten ein *Fort*, das nach ihrer Vertreibung durch die Holländer (1640) vergrößert und stark befestigt wurde. Aus der holländischen Kolonialzeit stammen die Stadtmauern (Galle ist die einzige Stadt Ceylons, deren Altstadt mit Mauern umgeben ist) und zahlreiche alte Häuser mit den typischen breiten Einfahrten. Ein großer Teil der Einwohner stammt von den *arabischen* Einwanderern aus dem 10. bis 14. Jahrhundert ab und ist mohammedanischen Glaubens.

Rund um die Stadt gibt es zahlreiche, sehr beliebte Badebuchten mit weiten, feinkörnigen Sandstränden.

SEHENSWÜRDIGKEITEN

Die Altstadt befindet sich innerhalb der holländischen Festungsmauern. Bei einem Spaziergang auf den Mauern und Bastionen des alten Forts lernt man die Ausdehnung der wuchtigen Festungsanlage und große Teile der alten Stadt am besten kennen. Die

Mond-Bastion (1) wurde über den Resten des alten portugiesischen Forts *Conceicao* erbaut. Ursprünglich spannte sich die Festungsmauer quer über die Halbinsel von einer Küste des Landes zur anderen. Das

Alte Tor (2) war die Hauptzufahrt in die befestigte Stadt. Über dem Portal sieht man noch das Wappen der Vereinigten Ostindischen Kompanie (*Vereenigde Oost-Indische Companie*) mit der Jahreszahl 1669. Um diese Zeit war der Festungsbau vollendet. Die

Santa Cruz Bastion (3) ist noch ein Rest der portugiesischen Befestigung. Die Holländer verstärkten sie durch den Bau der

Zwart Bastion (4). Von hier aus konnten sie die Einfahrt der Schiffe in den Hafen kontrollieren. Die alten Wassergatter sind noch erhalten. Sie wurden immer dann geöffnet, wenn die Festung von der Landseite her belagert war. Die

Akersloot Bastion (5) ist als Aussichtspunkt *Sailor's Point* bekannt. *Akersloot* wurde sie nach dem Geburtsort von *William Jacobzoon Coster* benannt, dem holländischen Kapitän, der Galle von den Portugiesen eroberte. Es folgen *Aurora-Bastion* (6) und *Point-Utrecht-Bastion* (7). Der

Leuchtturm (8) steht an der Südspitze der Halbinsel. Er weist die Schiffe in den Hafen. Von hier führt die *Lighthouse Street* in die Altstadt. Die

Triton Bastion (9) wurde erst im Jahre 1729 errichtet. Auch die anderen Bastionen, *Neptun-* (10), *Clippenberg-*

Auslegeboote in Galle

(11), und *Aeolus-Bastion* (12), auf der zum offenen Meer hin liegenden Westseite des Forts wurden erst um 1730 angelegt. Die

Star-Bastion (13) liegt über den ältesten erhaltenen Teilen des ursprünglichen portugiesischen Forts. Im Zentrum der Altstadt, die von den Festungsmauern umgeben wird, erhebt sich die

Alte Holländische Kirche (14), die in den Jahren 1752—54 erbaut wurde. Sie steht an der Stelle eines alten portugiesischen Kapuzinerklosters und wurde von Kommandeur *Casparous de Jong* in Verwirklichung eines Gelübdes zur Geburt seines ersten Kindes errichtet. Im Inneren befindet sich ein schöner Altar und interessante Denkmäler aus dem 18. Jahrhundert. Die

Schmetterlingsbrücke (*Butterfly Bridge*) überspannt einen alten holländischen Kanal und führt vom Fort in einen Park mit tropischen Gewächsen.

Buona Vista ist ein beliebter Picknickplatz außerhalb des Forts und ein Aussichtspunkt, von dem aus man einen herrlichen Rundblick hat.

Pettah ist das geschäftige Zentrum der einheimischen Händler und liegt etwa 1 km nördlich des Forts.

Überaus sehenswert ist auch der alte

Friedhof („Kerkhof") außerhalb des Forts mit interessanten Gräbern holländischer Kolonialoffiziere und -beamter. Über einem Tor ist noch die alte Inschrift „Memento mori" und die Jahreszahl 1786 zu sehen.

Rund um die Stadt liegen zahlreiche alte Buddhatempel, während es in der Altstadt zumeist nur Moscheen gibt. Die katholische Kathedrale *St. Mary* liegt am Kalvarienberg (*Mount Calvary*) von *Kaluwella*, nördlich der Stadt.

PRAKTISCHE HINWEISE

Verkehr:
Täglich Eisenbahnverbindung mit *Colombo* und *Matara*. Außerdem gibt es einen guten Autobus-Linienverkehr und in der Touristensaison fast täglich Reiseautobusse, die von Colombo auf Ausflügen nach Galle unterwegs sind.

Unterkunft:
⌂ H „New Oriental", E: 50 (F), D: 80—100 (F).
⌂ H „Closenburg", E: 20—40, D: 30—65.
⌂ H „Harbour Inn", E: 35 (F), D: 60 (F). △ YMCA und YWCA im alten Fort. „Ketaluwa", Ahangama (16 km südöstlich).

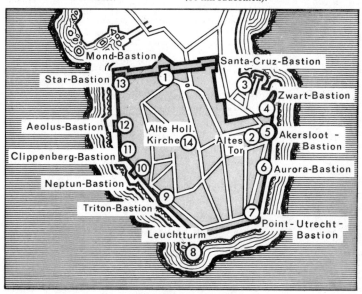

Galle-Fort

Anuradhapura

Anuradhapura, eine der interessantesten Ruinenstädte Südasiens, war die erste Hauptstadt Ceylons und Residenz von 119 Singhalesenkönigen. Anuradhapura liegt im nördlichen Zentrum Ceylons am Schnittpunkt von fünf wichtigen Hauptstraßen, die nach Kandy (im Süden), Trincomalee (Osten), Jaffna (Norden), Puttalam (Westen) und Colombo (Südwesten) führen. Für den Touristen ist die Stadt von großem historischen und künstlerischen Interesse. Hier residierten die buddhistischen Singhalesenkönige 13 Jahrhunderte, also länger als die Herrscher Roms, Karthagos oder Thebens in ihren Hauptstädten.

Jedes Jahr im Juni wird hier bei Vollmond das *Poson*-Fest gefeiert. Es erinnert an die Ankunft des buddhistischen Prinzen *Thera Mahendra* (auch *Mahinda*) und an die Einführung des Buddhismus in Ceylon im Jahre 270 v. Chr. (nach anderen Auslegungen 247 v. Chr.). Das *Poson*-Fest gehört zu den größten buddhistischen Feierlichkeiten. Prozessionen und Scharen von Pilgern bevölkern zu dieser Zeit die Ruinenstadt *Anuradhapura* und das benachbarte *Mihintale*. Anuradhapura ist für die Singhalesen heute noch eine ,,Heilige Stadt'', ähnlich wie *Benares* für den Inder, *Lhasa* für den Tibeter, *Jerusalem* für Juden und Christen oder *Mekka* für die Moslem.

Neben dem großen Ruinenfeld sind in der Stadt das *Archäologische-* und das *Volkskunde-Museum* sehenswert.

GESCHICHTE

Anuradhapura wurde um das Jahr 437 v. Chr. von *Anuradha* gegründet und ist die älteste historische Stadt Ceylons. In der vor-buddhistischen Zeit lebten hier *Yakkhas*, das sind Nachkommen jener alten Inselbewohner, die schon *Vijaya* (siehe Seite 8/9) bei seiner Besitznahme der Insel um das Jahr 543 v. Chr. vorfand. *Pandukabhaya*, einer der bedeutendsten Herrscher des Altertums, machte Anuradhapura 380 v. Chr. zur Hauptstadt seines singhalesischen Königreiches. Die Stadt war dann mehr als ein Jahrtausend der politische Mittelpunkt der Insel.

Der *Mahavansa*-Chronik (siehe Seite 9) zufolge wurde Anuradhapura zu dieser Zeit nach einem mustergültigen städtebaulichen Konzept angelegt. Über 1000 Bedienstete waren in ständigem Einsatz, die Straßen zu fegen; Arbeiter, Handwerker und Jäger lebten in gesonderten Bezirken, den Andersgläubigen (die nicht *Hindus* oder *Jains* waren) wurde ein eigenes Viertel zugeteilt; die ausländischen ,,Yonas'' (möglicherweise griechische *Ionier*) hatten ebenfalls gesonderte Wohnbezirke. Es gab Herbergen, Spitäler, Tempel und Jain-Kapellen wie auch getrennte Friedhöfe für die höheren und niederen Kastenangehörigen. Eine gut organisierte Stadtverwaltung sorgte für die Aufrechterhaltung des öffentlichen Verkehrs. Die Wasserversorgung wurde durch das Anlegen von ,,Wawas'' (Wassertanks) gewährleistet. Diese kunstvoll angelegten Wasserreservoire dienten verschiedenen Zwecken (siehe Seite 13). Das Reservoir *Baswak Kulam* aus dieser Zeit existiert noch heute.

Um 270 v. Chr. wurde durch den ehemaligen Prinzen und späteren *Bikkhu* (Mönch) *Mahendra* (auch *Mahinda*) — einen Sohn des indischen Herrschers *Asoka* — der Buddhismus ins Land gebracht. Er wurde vom König *Devanampiya Tissa* (307—267, nach anderen Auslegungen 250—210 v. Chr.) aufgenommen. Der König ließ die ersten gro-

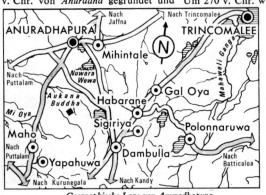

Geographische Lage von Anuradhapura

ßen Buddhatempel in der Stadt errichten. Er stellte dafür den königlichen Park, den berühmten *Maha-megha*-Garten, zur Verfügung. Kunst und Kultur erlebten eine Blütezeit. Die Architektur entwickelte sich nach indisch-buddhistischem Vorbild.

Um das Jahr 160 v. Chr. eroberten *Tamilen* des *Chola*-Königreiches aus Südindien die Stadt. Ihr König *Elara*, bekannt als edler, gerechter und weiser Herrscher, achtete aber darauf, daß der Stadt kein Schaden zugefügt wurde und die Buddhatempel erhalten blieben.

Thuparama-Dagoba

Der Singhalesenprinz und spätere König *Duttha Gamani*, „der Ungehorsame" (161—137 v. Chr.), der mit seinem Vater auf der Flucht vor den Tamilen im Südosten der Insel lebte, sammelte entgegen den Wünschen des Königs ein Heer von 10 000 Mann und eroberte nach heftigen Kämpfen Anuradhapura zurück. Die Schlacht wurde entschieden, als *Duttha Gamani* den Tamilenkönig *Elara* im Zweikampf besiegte. Er ließ seinem gefallenen Feind ein Grabmal errichten; die besiegten *Tamilen* wurden mit gleichen Rechten in die Gemeinschaft aufgenommen. Unter der Herrschaft *Gamanis* entstand der prächtige Buddhatempel *Mirisavati* und der neunstöckige *Kupfer-Palast*. Die *Ruvanveli-Dagoba* (*Maha-Thupa*) wurde unter seiner Regierung begonnen, aber erst später fertiggestellt. Da es der Wunsch des Königs war, diese Dagoba noch vor seinem Tode fertiggestellt zu sehen, bedeckte man vor seinem Ableben das Baugerüst mit riesigen weißen Tüchern, um dem sterbenden König den Anblick eines fertigen Gebäudes zu vermitteln. König *Bhatikabhaya* (20 v. Chr. bis 9 n. Chr.) ließ es mit herrlichen Ornamenten verzieren.

Ein anderer bedeutender König war *Vattagami Abhaya* (auch *Valagam Bahu*), der ungefähr von 103 bis 77 v. Chr. regierte. Auch er mußte nach heftigen Kämpfen die Stadt den südindischen Eroberern überlassen. Im Verlaufe von 14 Jahren herrschten fünf Tamilenkönige auf seinem Thron, ehe es ihm gelang, sein Königreich zurückzuerobern. Unter seiner Herrschaft wurde das *Abhayagiri-Kloster* erbaut.

Zur Regierungszeit des Königs *Mahasena* („der Ketzer", 274 bis 301 n. Chr.), entstand die *Jetavan-Aramaya-Dagoba*, die größte Ceylons. Außerdem ließ er 16 riesige Wassertanks und einen großen Kanal bauen.

Eine weitere Blütezeit folgte unter König *Buddhadasa* (341—70), der weitere große Tempel errichten ließ.

Infolge neuerlicher schwerer Kämpfe mit einfallenden indischen Eroberern mußte Anuradhapura im fünften Jahrhundert vorübergehend und im Jahre 781 endgültig aufgegeben werden. Neue Hauptstadt wurde *Polonnaruwa*.

Über Anuradhapura begann sich der Dschungel auszubreiten. Tempel und Paläste verfielen im Laufe der Jahrhunderte, und erst durch die archäologischen Arbeiten ab 1912 erlebte der ehemalige kulturelle und politische Mittelpunkt der Singhalesenkönigreiche eine Auferstehung.

Die Ruinen von Anuradhapura bedecken eine Fläche, die größer als das Stadtgebiet von London ist.

SEHENSWÜRDIGKEITEN

Wegen des ausgedehnten Stadtgebiets wird empfohlen, sich einer der zahlreichen Reisegruppen anzuschließen, die in modernen Autobussen die Ruinenstadt besichtigen. Man kann aber auch mit Mietwagen durch die Stadt fahren. Lizenzierte Fremdenführer stehen zur Verfügung. Das Fotografieren ist nur

Eingang zum heiligen Maha-Bodhi-Baum

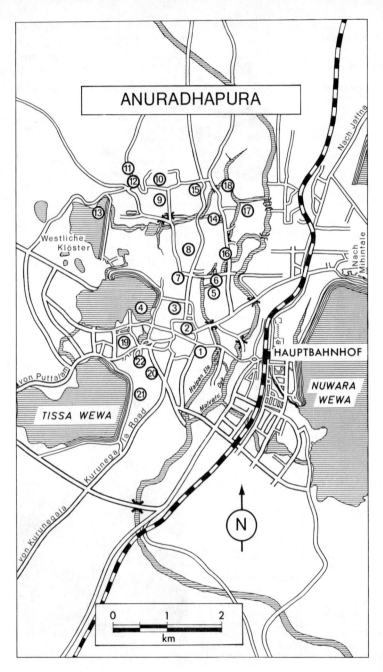

mit einer Erlaubnis des *Archaeological Department* (s. Seite 19) gestattet. Man kann die Erlaubnis auch im Rathaus von Anuradhapura, in der Städtischen Bibliothek, im Archäologischen Forschungszentrum und in der Pilgerraststätte (beim Tissawewa-Rasthaus) bekommen.

Wenn man von der Eisenbahnstation der *Sri Maha Bodhi Road* nach Westen folgt, überquert man zuerst einen weiten Platz, in dessen Mitte eine alte, von einem Löwen gekrönte Säule steht, fährt dann auf einer Brücke über den Fluß *Halpan Ela* und stößt auf den

Sri-Maha-Bodhi-Baum (1) oder *Bo-Baum* (*Ficus religiosa*). Ein Zweig des Baumes, unter dem Buddha in *Buddha-Gaya* (Nordindien) die Erleuchtung fand, wurde von der Prinzessin *Sanghamitta* (einer Schwester *Mahindas*) im Jahre 240 v. Chr. (nach anderer Auslegung 288 v. Chr.) hierher gebracht und eingepflanzt. Seither wird sein Wachstum in ununterbrochener Folge von eigens dafür zuständigen Baumpflegern beobachtet. Er wird als der älteste auf der Welt existierende Baum mit nachweisbarer Geschichte betrachtet und von den Buddhisten als großes Heiligtum verehrt. (Da diese Baumart auch von den Hindus verehrt wird, wurde der *Bo-Baum* beim Einfall indischer Eroberer in die Stadt immer verschont).

Der Baum steht etwas erhöht auf einer Plattform zwischen zahlreichen kleineren Gebäuden, die erst in letzter Zeit erbaut wurden. Die Eingangspforte, die zu ihm führt, besitzt einen schönen „Mondstein". (Unter „Mondsteinen" versteht man hier nicht die bläulich schimmernden Halbedelsteine, sondern halbkreisförmige Granitsteine, die am Beginn eines Treppenaufgangs liegen und wundervolle konzentrische Ringe aufweisen, in die Tierbilder, Blumen- und Blütenornamente u. dgl. von hohem künstlerischem Wert eingraviert sind). Nördlich davon liegt der

Kupfer-Palast (2) (*Lovamaha Paya*). Sein Name weist auf das ursprüngliche Kupferdach hin, mit dem er bedeckt war. Erhalten sind 1600 Steinsäulen, die etwa 3,80 m hoch sind und in 40 parallelen Reihen dicht nebeneinander stehen. Ursprünglich trugen sie das erste Stockwerk des neungeschossigen Klosterpalastes, wahrscheinlich des *Mahavihara*-Hauptklosters, das laut *Mahavansa*-Chronik von König *Duttha Gamani* im Jahre 161 v. Chr. erbaut wurde. In jedem Stockwerk gab es 90

Wächter-Steine vor dem Kupfer-Palast

bis 100 Räume für die Priester und Mönche. Je höher der Mönchsgrad, um so höher lag der Wohnsitz. Gewöhnliche Mönche lebten im untersten, einfache Priester im zweiten, Doktoren und Schriftgelehrte im dritten Stockwerk, bis hinauf zu den „Arahants" — den heiligen Männern —, die die zuoberst liegenden vier Etagen bewohnten.

Die oberen Stockwerke bestanden aus Holz. Schon 15 Jahre nach der Fertigstellung brannte der Palast ab. Die 1600 Säulen, die heute den Ort des früheren Klosterpalastes bezeichnen, werden König *Parakrama Bahu* von Polonnaruwa (1153—1186) zugeschrieben. — Baureste ähnlicher Art findet man noch sehr zahlreich in einem Umkreis von mehr als 15 km.

Nördlich vom Kupfer-Palast erhebt sich die

Ruvanveli Dagoba (3), die ebenfalls von *Duttha Gamani* erbaut wurde. Sie ist fast 100 m hoch. Bei den Tamileneinfällen wurde die *Dagoba* oft schwer beschädigt. Sie ist erst in neuester Zeit gänzlich restauriert worden. Fehlende Bauteile wurden in ursprünglicher Form ergänzt. Ihr oberer Abschluß ist schwer vergoldet und ein Geschenk *burmesischer* Buddhisten. Die rund um die Basis der *Dagoba* eingemeißelten Elefanten erwecken den Eindruck, als ob sie das mächtige Bauwerk auf ihren Schultern trügen. Ein schmaler Durchgang führt in die Reliquienkammer. Ursprünglich barg sie einen 8 m hohen, aus Gold, Silber und Edelsteinen angefertigten *Bo-Baum*.

Ein schöner Weg führt in westlicher Richtung zu den bewaldeten Ufern des

Ruvanveli-Dagoba

Basawak Kulam (4). Dies ist ein künstlich angelegter See (wahrscheinlich der erste auf Ceylon), in dem um die Mittagszeit Pilger beiderlei Geschlechts und jeden Alters baden.

Östlich der *Ruvanveli Daboba* erblickt man die Ruinen von

Jetavana Aramaya (5), ein Kloster, das von König *Mahasena* (274—301) für einen Priester des *Mahayana-Buddhismus* (Buddhismus des „Großen Fahrzeugs"; siehe Seite 6) erbaut wurde. Da *Mahasena* dem ursprünglichen *Hinayana-Buddhismus* („Kleines Fahrzeug"; siehe Seite 6) abtrünnig wurde, erhielt er den Beinamen „Der Ketzer". Überragt wird das Kloster von der größten *Dagoba* Ceylons (115 m hoch). Vor der benachbarten Tempelhalle stehen noch die riesigen Torpfosten. Nicht weit davon entfernt sieht man die Reste von

Elaras Grabmal (6), das der Singhalesenkönig *Duttha Gamani* (161—137 v. Chr.) seinem Feinde, den er im Zweikampf in der Schlacht um Anuradhapura besiegt hatte, erbauen ließ (s. S. 34).

Es führen nun drei Straßen nach Norden: *Anula Mavatha*, *Sanghamitta Road* und *Vata Vandana Road*. Am Beginn der *Anula Mavatha* liegt die

Thuparama Dagoba (7). Sie ist die älteste Ceylons und wurde von König *Devanampiya Tissa* (307—267 v. Chr.) als Schrein für eine heilige Reliquie Buddhas (es soll sich um sein Schlüsselbein handeln) erbaut. Da sie im Laufe der Jahrhunderte sehr stark beschädigt wurde, hat man sie 1842 restauriert und zum Teil neu errichtet, wobei man die ursprüngliche Sonnenschirmform der *Dagoba* in eine Glockenform umwandelte. Die noch erhaltenen freistehenden Säulen trugen einst ein herrliches Runddach. Nördlich der Dagoba liegen noch Reste der ersten, von *Pandukabhaya* um 380 v. Chr. erbauten Hauptstadt (8). Dann überquert man einen schmalen Kanal, sieht links die kleinere *Lankarama Dagoba* (9) und gelangt zur

Abhayagiri Dagoba (10). Sie wurde von König *Vattagami Abhaya* (auch *Valagam Bahu*) im 1. Jahrhundert v. Chr. erbaut, nachdem er in einem 14 Jahre lang dauernden Krieg die *Tamilen* aus Anuradhapura verdrängt und sein Königreich zurückerobert hatte. Angeschlossen war ein gleichnamiges Kloster, das durch die internen Machtkämpfe zwischen Mahayana- und Hinayana-Buddhisten bekannt geworden ist.

Links führt eine Straße in westlicher Richtung zu den Palastruinen von *Ratna Pasada* (11), zum Grabmal von König *Duttha Gamani* (12) und zum *Bulankulama Tank* (13), einem herrlich angelegten künstlichen See für Bewässerungszwecke. Wenn man der Straße weiter nach Westen folgt, so gelangt man zu den Ruinen der „Westlichen Klöster" und zahlreichen anderen *Wawas* (Wasserreservoiren).

*

Die zweite nach Norden führende Straße (*Sanghamitta Road*) führt am Ruinenfeld *Gedige* (14) vorbei zum

Samadhi Buddha (15). Diese Statue stammt aus dem 4. Jahrhundert n. Chr. und zeigt Buddha in meditierender Pose. Sie gilt als einmaliges Meisterwerk dieser Zeit und ist weltberühmt.

Samadhi-Buddha

Kuttam Pokuna

An der dritten nach Norden führenden Straße (*Vata Vandana Road*) liegt die Ruine von

Dalada Maligawa (16), dem „Tempel des Zahns". Heute ist diese heilige Reliquie (ein Zahn Buddhas) in *Kandy* aufbewahrt.

Rechts führen Fußwege zum *Malvatu-Oya*-Fluß, der noch von sehr alten Brücken überspannt wird. Hier liegt auch das Ruinenfeld von *Nakha Vihara* (17). Schließlich gelangt man zu den

Kuttam Pokuna (18), den „Doppelteichen" (*Twin Ponds*). Sie gehören zu den Meisterwerken buddhistischer Steinmetzkunst. Diese Reinigungsbäder der Singhalesenkönige sind von äußerst fein ausgemeißelten Stein-Umrahmungen umgeben, die kürzlich restauriert wurden.

*

Auch im südlichen Stadtteil gibt es viele interessante Dagobas, Palastruinen, „Wawas" und andere Baureste. An der Stelle nördlich des *Tissa-Wawa*, wo König *Duttha Gamani* vor der Schlacht gegen den Tamilenkönig *Elara* seinen Speer und die königliche Standarte aufpflanzte, ließ er nach seinem Sieg die

Mirisavati Dagoba (19) erbauen. In ihrer Reliquienkammer wurde dieser Speer und eine heilige Reliquie Buddhas aufbewahrt. Im 10. Jahrhundert wurde die *Dagoba* erneuert und von Klostergebäuden umgeben. Im 19. Jahrhundert ließ sie ein König von *Siam* restaurieren.

Südlich davon und am Ostufer des überaus romantischen künstlichen Sees *Tissa-Wawa* (von König *Devanampiya Tissa* angelegt) sind die

Königlichen Gärten (20). Mit ihren zierlichen Pavilllons, Bädern, künstlichen Miniaturteichen, Kanälen usw. vermitteln sie noch einen guten Eindruck aus der Zeit der ersten vor- und nachchristlichen Jahrhunderte, als noch Prinzen und Prinzessinnen hier lustwandelten. Der

Isurumuniya Vihara (21) ist eine der schönsten Kulturstätten des Buddhismus. Dieser unglaublich malerisch in einen Felsen gehauene Tempel war ursprünglich nur ein Teil des gewaltigen *Isurumuniya*-Tempelkomplexes, dessen Ruinen heute noch in weitem Umkreis zu sehen sind. Er wurde im 3. Jahrhundert v. Chr. erbaut. Sehenswert sind die (nicht religiösen) Felsgravierungen und Fresken (weltberühmt „Die Liebenden") und andere Steinplastiken. Es wird empfohlen, mindestens eine Nacht in dem herrlich gelegenen *Tissawawa-Rasthaus* (22) zu verbringen, um am nächsten Morgen noch vor der Hitze des Tages mit der Besichtigung beginnen bzw. sie fortsetzen zu können.

PRAKTISCHE HINWEISE

Information:

„The Kachcheri" — Hospital Road.

Verkehr:

Mehrmals täglich Eisenbahnverbindung mit *Colombo* und *Jaffna*. Flugverbindung (z. Z. nur Charterflüge) mit *Colombo* (Flugzeit 50 Minuten) und *Jaffna* (40 Minuten).

„Die Liebenden", Isurumuniya-Tempel

Täglich Autobusse nach *Colombo*, *Trincomalee*, *Puttalam* und allen Orten der Umgebung.

Unterkunft:
⌂ H „Miridiya", E: 40, D: 80.
⌂ H u. R, „Tissawewa", Old Toen, E: 45–55, D: 60–90.
⌂ R „Nuwarawewa", New Town, E: 40–60, D: 85–100. – Bestellungen für beide Häuser über Reisebüro *Quickshaws*, Kalinga Place, Colombo 5.
△ „Travellers Halt", 15. Jaffna Junction.

AUSFLÜGE

1. Wilpattu-Wildreservat. Dieser Naturschutzpark erstreckt sich westlich von Anuradhapura bis zur Küste des *Indischen Ozeans*. In ihm gibt es Elefanten, Bären, Leoparden, Pfaue, Wildschweine und anderes Wild und Tropenvögel. Straßen von insgesamt 270 km Länge führen durch dieses Tierreservat. Weite Graslandschaften und dichte Wälder wechseln miteinander ab. 26 kleinere Seen geben der Landschaft einen besonderen Reiz. Man übernachtet am besten in dem 1974 eröffneten „Hotel Wilpattu", das direkt am Wasserreservoir *Kala Oya* liegt, oder in einem der drei Bungalows: *Maradanmaduwa*, *Menikkapola* oder *Kalivillu* (s. S. 8).

2. Mihintale. Diese Ruinenstadt liegt 8 km östlich von Anuradhapura. Hier befand sich die Einsiedelei, in der *Mahinda*, der 270 v. Chr. den Buddhismus in Ceylon einführte, mit seinen Jüngern lebte. Man besichtige den *Alten Treppenaufgang*, dessen 1840 niedere Steinstufen auf den Gipfel des *Missaka*-Hügels — dort steht eine große *Dagoba* — führen. Der Hügel ist von unzähligen Tempelruinen und Einsiedler-Höhlen bedeckt. Beim *Poson*-Fest (Juni-Vollmond) sind hier Tausende

Ambastala Dagoba

buddhistischer Pilger aus allen Teilen Asiens zu sehen. Ein Erdhügel an einem Ausläufer des Berges erwies sich bei Ausgrabungen im Jahre 1935 als uralte Dagoba (*Kantaka Chetiya*) von mehr als 30 m Höhe. Sie ist von besonderer Schönheit und war ursprünglich von vier Portalen umgeben. Die Säulenreste weisen sehr interessante Skulpturen auf. Sehr sehenswert ist auch „Mahindas Bett" — eine aus Stein gemeißelte Liegestatt in der historischen Felsenzelle, die *Mahinda* bewohnte. Vor ihr erhebt sich die *Ambasthala Dagoba*, die an jener Stelle errichtet wurde, wo König *Devanampiya Tissa* den Mönch *Mahinda* traf (s. S. 9).

In *Mihintale* sind noch viele andere Baureste von großem archäologischem Interesse. Man geht stundenlang, wenn man alle Ruinen von historischem und künstlerischem Wert ansehen will. Zumeist ist die Besichtigung mit nicht unbeschwerlichen Hügel-Aufstiegen verbunden.

Zu den wichtigsten Sehenswürdigkeiten gehören ferner das *Almosen-Haus*, das „Löwenbad" (*Sinha Pokuna*), das „Schlangenbad" (*Naga Pokuna*) mit einem prachtvollen Relief der „Siebenköpfigen Naga" (Kobra), das *Kalu-Diya-Bad* (aus einem Felsen herausgemeißelt), mehrere Klöster, Dagobas usw. In der *Mahaseya Dagoba* soll ein Haar Buddhas eingeschlossen sein.

Das *Wildreservat* bei Mihintale ist wohl der älteste Tierschutzpark der Welt. Schon König *Devanampiya Tissa* hatte nach seinem Übertritt zum Buddhismus angeordnet, daß dort kein Tier erlegt werden darf.

Treppenaufgang Mihintale

Polonnaruwa

Polonnaruwa liegt 80 km südöstlich von *Anuradhapura*, im östlichen Zentrum Ceylons. Diese Ruinenstadt war — mit kurzen Unterbrechungen — vom 8. bis 14. Jahrhundert die Hauptstadt von Ceylon. Die bedeutenden Bauwerke aus dem 12. bis 14. Jahrhundert sind wesentlich besser erhalten als jene von *Anuradhapura*. Die sehr vielgestaltige Architektur zeigt deutlich *Tamilen*- und *Hindu*-Einflüsse. Der unter *Parakrama Bahu* im 12. Jahrhundert angelegte künstliche See *Parakrama Samudra* gehört zu den größten und schönsten seiner Art. Viele der alten Tempel werden von den *Buddhisten* als heilig verehrt.

1974 wurde am *Parakrama-See* ein *Holiday Resort* mit Hotel, Schlafsaal, Bungalows und Schwimmbad fertiggestellt.

GESCHICHTE

Schon im Jahre 368 n. Chr. wurde die Stadt unter dem Namen *Topare* Königsresidenz. Zu dieser Zeit wurde der See *Topa Wawa* angelegt. Später wurde die Stadt *Pulatthi* genannt. Im Jahre 781 wurde sie Hauptstadt. Zu Beginn des 11. Jahrhunderts waren große Teile Ceylons von südindischen Eroberern besetzt und gehörten zu dem mächtigen Tamilenkönigreich der *Cholas*. Nach harten Kämpfen gelang es König *Vijayabahu*, die Tamilen zu verdrängen. Er eroberte *Polonnaruwa* und behielt die Stadt als Hauptstadt. Aus seiner Regierungszeit sind jedoch keinerlei Bauwerke mehr erhalten. Eine Blütezeit erlebte die Stadt unter den Königen *Parakrama Bahu*, „der Große" (1153—86) — (s. auch S. 10) — und *Nissanka Malla* (1187—96). Drei konzentrische Stadtmauern wurden errichtet und befestigt; zahlreiche Parks und Gärten angelegt; Paläste, Tempel, Monumentalstatuen *Buddhas* und Schreine erbaut und die ganze Umgebung mit einem Kanalnetz und mit großen künstlichen Seen zur Wasserversorgung versehen. Schon im 13. Jahrhundert brachen neuerlich *Tamilen* — diesmal aus dem *Kalinga*-Königreich — in Ceylon ein. Die Stadt mußte zuerst für 20 Jahre und 1314 endgültig aufgegeben werden. Die Palast- und Tempelbauten begannen zu verfallen, die Wege zur ehemaligen Hauptstadt wurden vom Dschungel überwuchert, und erst im vorigen Jahrhundert begann man mit der Freilegung und Restaurierung der Ruinen.

SEHENSWÜRDIGKEITEN

Gut befahrbare Straßen führen zu allen bedeutenden Ruinen. Da die Stadt sehr ausgedehnt ist, schließt man sich am besten einer der vielen Reisegesellschaften an, die Besichtigungsfahrten unternehmen.

Die *Zitadelle* liegt am Ufer des von *Parakrama Bahu* angelegten künstlichen Sees *Parakrama Samudra* und wird nach den anderen drei Seiten von einer Wehrmauer umgeben. Innerhalb dieser Mauern liegen folgende Bauwerke:

Königspalast (1). Er war die Residenz von König *Parakrama Bahu*. Die noch erhaltenen Palastmauern aus Ziegelsteinen sind von außergewöhnlicher Stärke. Die Empfangshalle im Erdgeschoß war 33 m lang und 14 m breit. Ursprünglich hatte der Palast sieben Stockwerke mit über 1000 Räumen, die von Hunderten blumengeschmückter Säulen umgeben waren. Portale, Tore und Fenster bestanden aus purem Gold. Das Schlafzimmer des Königs war mit Lampen aus Edelsteinen und Perlen geschmückt, die Möbel bestanden zum Teil aus Gold und Elfenbein.

Hinter dem Palast liegt die

Audienzhalle (2), auch „Elefantenpavillon", von der noch viele Säulen, ein Treppenaufgang und eine mit Tierbildern (Elefanten, Löwen) reich geschmückte Balustrade erhalten sind. Hier empfing der König seine Minister. Ganz in der Nähe ist das

Wata Daga

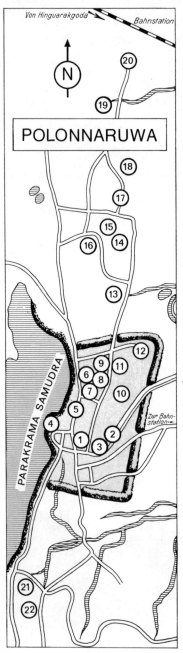

Königliche Bad (3), *Kumara Pokuna*. Es wurde 1935 freigelegt und gründlich restauriert. Daneben erhebt sich ein Pavillon mit Löwenportalen, schlanken Säulen und einem prächtigen Mondstein. Das kürzlich eröffnete, erstklassige

Seruwa-Hotel (4) mit guten Übernachtungsmöglichkeiten für Touristen liegt sehr malerisch am Ufer des *Parakrama Samudra*. Besonders bei Sonnenuntergang ist der Ausblick von hier empfehlenswert. Das Hotel wird vom staatlichen Fremdenverkehrsverband geleitet, besitzt Klimaanlagen und ein Restaurant mit europäischer und einheimischer Küche.

Etwas erhöht steht der

Thuparama (5), ein massiver Tempel aus Ziegelsteinen, der aus dem 12. Jahrhundert stammt. Seine Architektur und die mit Basreliefs geschmückte Fassade zeigen hinduistische Einflüsse. Ein gewölbeartiges Dach ist noch erhalten. Durch dicke Wände führt eine Treppe auf das flache Dach eines kleinen Turms, von wo aus man einen herrlichen Rundblick über die ganze Ruinenstadt hat.

Wata Daga (6) ist ein runder Reliquienschrein, 18 m im Durchmesser, der sich auf einer Erdplattform erhebt. Er wurde von *Parakrama Bahu* erbaut, obwohl eine eingemeißelte Inschrift als Bauherrn König *Nissanka Malla* nennt. Die vornehm wirkende Fassade ist von außergewöhnlicher Schönheit. Die vier Stufenaufgänge besitzen prachtvoll geschmückte Balustraden. An ihren oberen Enden stehen steinerne Buddhastatuen. Der Schrein ist verschwenderisch mit Mondsteinen und Skulpturen-Geländern geschmückt. Die Steinreliefs zeigen Lotusblumen, menschliche Figuren, Elefanten, Löwen, Stiere und andere Tiere. An buddhistischen Feiertagen wird der Schrein von zahllosen buddhistischen Pilgern besucht und mit Blumen geschmückt. Ihm gegenüber liegt der Schrein

Hata Daga (7). An seinen Wänden sind kunstvolle Gravierungen und Buddhastatuen zu sehen.

Rechts daneben sieht man die

Galpotha (8). Es ist eine massive, etwa 8,50 m hohe Steinplatte, die als „Steinernes Buch" bekannt ist. Auf ihr sind die ruhmreichen Taten von König *Nissanka Malla* in bewundernden Worten eingraviert.

Neben dem *Wata Daga* erhebt sich die

Mondstein

Satmahal Prasada (9), ein pyramidenförmiger Turm mit sieben Etagen, dessen ursprünglicher Zweck unbekannt ist. Jede Etage war auf allen Seiten mit Götterfiguren geschmückt, die aber nur mehr zum Teil erhalten sind. Der

Nissanka Latha Mandapaya (10) ist ein Pavillon, der auch „Blumenaltar" genannt wird. Er stammt aus dem 12. Jahrhundert. Noch erhalten sind prachtvoll verzierte Säulen, die die gewundene Form der Stengel von Lotusblumen haben („Lotussäulen").

Nördlich davon steht die

Pabalu Vehera (11), der „Korallenschrein". Diese *Dagoba* wurde von *Rupavati*, einer Gemahlin von *Parakrama Bahu*, erbaut. Daneben sieht man einen

Siva-Tempel (12) aus dem 11. Jahrhundert, der zur Zeit der Tamilen-Besetzung errichtet wurde. Er besitzt einen sehr schönen Skulpturenschmuck.

Andere gut erhaltene Hindutempel liegen beim „Blumenaltar" und beim Königspalast.

Wenn man der Straße durch das nördliche Stadttor folgt, gelangt man zu folgenden Bauwerken:

Rankot Vehera (13), die größte Dagoba von Polonnaruwa. Sie wurde unter *Nissanka Malla* erbaut. Ihr Umfang beträgt etwa 180 m. Der

Lankatilaka-Tempel (14) war im 12. Jahrhundert einer der schönsten buddhistischen Schreine Asiens. Heute sind noch 18 m hohe Wände erhalten, die mit schönen Basreliefs geschmückt sind. Hier sieht man auch eine Kolossalstatue *Buddhas*, deren Kopf im Laufe der Jahrhunderte verlorenging. Davor erhebt sich die

Kiri Vehera Dagoba (15), die wegen ihres weißen Aussehens „Milch-Dagoba" genannt wird. Sie wurde von Parakrama Bahu erbaut und ist die am besten erhaltene nicht restaurierte Dagoba Ceylons.

Westlich davon liegen die Reste des Tempels *Buddha Sima Prasada*, die zum Gebäudekomplex des *Jetawanarama*-Tempels gehören (16).

Noch weiter nördlich erheben sich die Ruinen von

Gal Vihara (17), einem ehemaligen Tempelbau aus Granit. Seine Baureste zeigen noch die einstige Größe des Bauwerkes. Hier sind vor allem die ausdrucksstarken Felsskulpturen berühmt. Der kummervolle Ausdruck der stehenden Figur läßt darauf schließen, daß es sich dabei um eine Statue von *Ananda*, dem Lieblingsschüler Buddhas, handelt, der gerade den Tod Buddhas (liegende Statue) betrauert. Eine auf einem Thron sitzende Statue stellt gleichfalls Buddha, in meditierender Pose, dar. Die

Demala Maha Seya (18) ist eine Dagoba, die von kriegsgefangenen Tamilen errichtet wurde. Kopien der sehr beschädigten Fresken sind im Museum von Colombo zu sehen. Die Kuppel der Dagoba erhebt sich über einer quadratischen Plattform, blieb aber unvollendet.

Von hier führt ein Fußpfad zum

Lotusteich (19). Dieses in stilisierter Lotusform aus dem Felsen gemeißelte

Nördlicher Tempel

Bad wurde unter *Nissanka Malla* angelegt. Es zählt zu den schönsten seiner Art. Davor erhebt sich der

Tivanka-Tempel (20). Seine Wände waren ursprünglich mit Fresken geschmückt, doch sind nur mehr Bruchstücke der Originale erhalten. Im Inneren steht eine kopflose Buddhastatue. Der Tempel wurde in letzter Zeit restauriert. Auch die Fresken sind ergänzt worden.

Im Süden der Zitadelle, ganz nahe am Ufer des *Parakrama Samudra*, erhebt sich der

Steinkolossus (21). Diese Statue, die einen bärtigen Mann von königlichem Aussehen zeigt, stellt vermutlich König *Parakrama Bahu* dar. Der Gegenstand in seinen Händen wird verschiedentlich als Joch oder als Palmblattmanuskript gedeutet.

Vor der Statue sieht man die Reste der

Potgul Vehera (22), eines runden ehemaligen Palastes aus Ziegelsteinen, an dem noch schöne Dekorationen und ein gewölbtes Dach zu sehen sind. Die Palastmauern sind sehr stark (rd. 4,5 m an der Basis). Das Gebäude wird auch *Bibliothek-Dagoba* genannt, weil man annimmt, daß hier einst die heiligen Schriften aufbewahrt worden sind.

*

Außerdem gibt es noch zahlreiche andere interessante Bauwerke — besonders aus dem 12. bzw. 13. Jahrhundert

Steinkolossus

— in mehr oder weniger verfallenem Zustand. Zur Zeit ist man bemüht, die Tempel und Paläste aus der Glanzzeit Polonnaruwas zu restaurieren und dem Tourismus zugänglich zu machen. Ein *genaues Kennenlernen* der Stadt ist nur möglich, wenn man einige Tage hier verbringt, da die Autobusse der Reisegesellschaften gewöhnlich nur zu den wichtigsten Bauwerken fahren. Das Rasthaus ist ein geeigneter Aufenthaltsort und bietet allen Komfort. Königin *Elisabeth II.* weilte anläßlich ihres Ceylon-Besuches hier.

PRAKTISCHE HINWEISE

Information:
Ceylon Tourist Board, Colombo.

Verkehr:
Mit der Eisenbahn täglich nach *Colombo*, *Trincomalee* und *Batticaloa*. Autobus-Liniendienst täglich nach *Anuradhapura*, *Batticaloa* und *Amparai*. Außerdem viele Touristenfahrten von *Colombo*.

Unterkunft:
🏨 H „Seruwa", Parakrama Samudra (AC), E oder D: 100. Vollpension: E: 140, D: 180.
🏨 R „Polonnaruwa" Parakrama Samudra (AC), E: 70 (F), D: 80 (F), ohne AC ab 50. Günstige Wochenpauschale, Vorbestellungen empfehlenswert.
⌂ „Amalian Nivas Dormitory" (Schlafsäle mit 4–6 Betten), pro Bett 14,–.

AUSFLÜGE
Minneriya Tank (Wawa) und Vogelschutzgebiet. 22 km nordwestlich liegt das Wasserreservoir *Minneriya*. Es wurde von König *Mahasena* (s. S. 35) im Jahre 275 angelegt. Der Umfang des künstlichen Sees beträgt 32 km.

Zur Zeit des Königs *Mahasena* wurde ein Kanal, der *Elahera-Kanal*, von 140 km Länge gebaut, der die Gebirgswasser der *Amban Ganga* in das Reservoir leitete. 1903 wurde der Minneriya Tank restauriert.

Die den See umgebenden Wälder und das Berg- und Hügelland im Süden gehören zu den schönsten Landschaften Ceylons. Weite Flächen rund um den See sind zum Vogelschutzgebiet erklärt worden. Es gibt vereinzelt Übernachtungsmöglichkeiten in Bungalows. *Minneriya* hat auch eine Bahnstation.

Auf halbem Weg zwischen Polonnaruwa und Minneriya liegt der kleine See *Giritale*.

Route 1: Ceylon-Rundfahrt: Colombo — Anuradhapura — Polonnaruwa — Kandy — Tissamaharama — Galle — Colombo (979 km)

Diese Route ist gut geeignet, sowohl die großen landschaftlichen Schönheiten als auch die historischen Baudenkmäler aus mehr als zwei Jahrtausenden kennenzulernen. Viele Reisebüros in Colombo führen diese Besichtigungsfahrt als 5- bis 8tägige Rundreise mit Kleinbussen oder modernen Autobussen (zum Teil mit Klimaanlage) aus, zumeist mit Englisch sprechenden, seltener mit Deutsch sprechenden Reisebegleitern. Die Mahlzeiten und Übernachtungen werden ausschließlich in sehr guten Restaurants bzw. Hotels bzw. Rasthäusern eingenommen. Neben dieser Tour werden auch 2- bis 3tägige Besichtigungsfahrten (A: Colombo — Anuradhapura — Polonnaruwa — Kandy — Colombo; B: Colombo — Kandy — Nuwara Eliya — Colombo; C: Colombo — Kandy — Bandarawela — Tissamaharama — Colombo; u. a.) angeboten.

Man verläßt Colombo im Norden über die *Prince of Wales Avenue*, überquert die *Kelani Ganga* (am Ufer typischer einheimischer Marktplatz!) auf der *Victoria Bridge* und biegt gleich danach links auf die Nationalstraße A 3 ab.

Man fährt nun ein Stück den Fluß entlang, überquert zwei kleinere Brücken und kommt in ein sehr dicht besiedeltes Gebiet. Große Kokoshaine und Reisfelder passierend, läßt man die Orte *Kandana* und *Ja-Ela* rechts liegen. Links sieht man eine schmale Landzunge mit idyllisch gelegenen Fischerhütten und schönen Sandstränden, rechts führt eine Abzweigung (3 km) zum *Internationalen Flughafen Katunayake*. Man fährt indes weiter nach

Negombo, 38 km. Dieser zum Großteil von Fischern bewohnte Ort liegt sehr malerisch am Rande einer prachtvollen Lagune.

Die *Portugiesen* befestigten den Ort im 16. Jahrhundert, die *Holländer* bauten hier 1678 ein Fort, Bastionen, eine Kirche und einen Bewässerungskanal. Auch der Buddhatempel *Angurukaramulla* und drei römisch-katholische Kirchen sind sehenswert.

Ein Badeaufenthalt in Negombo vermittelt neben ungetrübten Badefreuden auch einen Einblick in das typische Leben des freundlichen einheimischen Fischervolkes. Es gibt eine ständige Verbindung mit Bussen, Taxis und Bahn nach *Colombo* und zu den nörd-

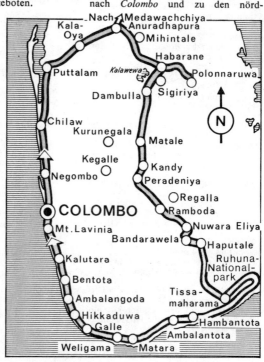

Alte holländische Kirche

lich von Negombo an den sandigen Küsten gelegenen Hotels und Rasthäusern.

Unterkunft:
🏠 H „Brown's Beach Hotel" (AC), Vollpension E: 250, D: 320.
🏠 H „Blue Lagoon", E: 130 (F), D: ab 185 (F).
🏠 H „Catamaran Beach Hotel", Vollpension E: 100, D: 150.
🏠 H „Negombo Beach", Vollpension E: 90–100, D: 100–200.
🏠 G „Samara" (AC), E: 65. D: 90.
🏠 G „The Silver Sands", E: 60–80 (F), D: 100–110 (F).
🏠 G „Aquarius Beach Motel", Vollpension E: 60, D: 100.

Die palmenumsäumte Küstenstraße führt nun durch malerische Fischerdörfer, an Kokosnuß- und Tabakpflanzungen vorbei, über den Fluß *Maha Oya* nach

Marawila, 58 km. Sehenswert ist hier eine mächtige römisch-katholische Kirche. Die meisten Bewohner der Fischerdörfer an dieser Küste gehören dieser Religion an. Im nächsten Ort

Madampe, 70 km, befindet sich ein interessantes Kokosnuß-Forschungsinstitut, das nach vorheriger Anmeldung auch besichtigt werden kann.

Chilaw, 81 km, ist ein typischer Fischerort mit großer Fischfang-Flottille. Sehenswert sind die römisch-katholische Kirche und der große Hindutempel von *Munneseram.* (⛵; ⛴).

Man fährt parallel zur Bahnlinie weiter durch ausgedehnte Kokosnußplantagen, überquert die Flüsse *Deduru Oya* und *Battulu Oya* und gelangt nach

Puttalam, 134 km. Der Ort ist wegen seiner Salzgewinnung und Fischerei berühmt und als Mittagsstation (gute Fischgerichte!) zu empfehlen. Hier werden besonders große Krabben und Langusten gefangen. Es gibt auch einen schönen Badestrand. In *Puttalam* soll *Vijaya,* der Begründer des singhalesischen Königtums, im Jahre 543 v. Chr. (s. S. 9) gelandet sein.

Der Ort liegt an einer tief ins Land einschneidenden Meeresbucht, an deren westlicher Landzunge der Ort *Kalipitiya* liegt. Bevor man ihn erreicht, sieht man die große römisch-katholische *St.-Annenkirche,* die jedes Jahr am 26. Juli Ziel großer Pilgerscharen ist. An diesem Tag ist der Platz nicht nur von Christen sondern auch von Buddhisten, Hindus und Moslems bevölkert.

Ein Kanal (fast versandet) verbindet Puttalam mit *Negombo* und *Colombo.* Auf ihm wurden vorwiegend Salz und Kopra transportiert (⛵; ⛴).

Man verläßt nun die Küste und folgt der nach Nordosten ziehenden Nationalstraße *A 12,* die durch dichten Dschungel führt und zur Regenzeit oft überflutet ist. Die Straße ist gut ausgebaut und wird in den „Trockenmonaten" regelmäßig von Linienautobussen befahren. Nach 165 km überquert man den Fluß *Kala Oya* vor der gleichnamigen Ortschaft. Schließlich erreicht man

Anuradhapura, 207 km (s. S. 34). Nach der Besichtigung dieser Ruinenstadt und des benachbarten *Mihintale* (s. S. 40) folgt man der nach Süden führenden Straße A 9 durch dichte Wälder. Nach dem Ort *Galkulama* (220 km) erreicht man das Ostufer des *Nachchaduwa Tanks,* eines großen künstlichen Sees, durchfährt dann *Tirapane* (228 km) und erreicht *Marandankadawala* (240 km). Ehe man nach *Polonnaruwa* weiterfährt, lohnt ein Abstecher nach *Kekirawa* (14 km südlich), von wo aus man zum westlich gelegenen *Kala Wawa* (11 km) und zur Ruinenstadt *Vijitapura* fährt.

Kala Wawa (auch Kalawewa). Dieser riesige künstliche See wurde von König *Dhatu Sena* Mitte des 5. Jahrhunderts angelegt. Er wird von zwei Flüssen gespeist. Von ihm führen Kanäle in die Tanks von mehr als 100 Dörfern. Ein Kanal führt direkt nach *Anuradhapura.*

Aukana-Buddha

Der Damm des künstlichen Sees wurde 1887 restauriert. 2 km vom Westufer entfernt liegt der

Aukana Vihara, ein uralter Buddhatempel, der durch eine 16 m hohe Statue Buddhas berühmt wurde. Diese Statue („Aukana-Buddha") wurde um das Jahr 478 (nach anderen Auslegungen erst im 11. Jahrhundert) aus dem Felsen gemeißelt. Sie gehört zu den großartigsten Buddhastatuen der Welt.

Vijitapura ist eine der ältesten Städte Ceylons und wurde von *Vijita*, einem Nachkommen *Vijayas*, im 6. Jahrhundert v. Chr. gegründet. Eine – heute verfallene – *Dagoba* soll als heilige Reliquie den Unterkiefer (oder die Kinnbacke) Buddhas bergen. Die Dagoba ist mit schönen Steingravierungen (religiöse Motive) geschmückt.

*

Man biegt bei *Marandankadawala* links auf die Straße A 11 ab, fährt am Südrand des Naturschutzgebietes *Ritigala* entlang, überquert vor *Habarane* (271 km) die Bahnlinie, sieht dann rechts das Nordufer des *Minneriya-Tanks* (s. S. 44) und kommt nach

Polonnaruwa, 310 km (s. S. 41). Nach der Besichtigung fährt man die gleiche Strecke zurück bis *Habarane* (⌂) und fährt dann auf der Straße *A 6* weiter, vorbei an Reisfeldern, Tee-, Kautschuk- und Kakaoplantagen, bis man in das Gebiet großer Urwälder kommt. Auf einer links abzweigenden Straße erreicht man schließlich

Sigiriya, 375 km, die „Himmelsburg" auf dem „Löwenfelsen" von König *Kassapa* (auch *Kasyapa*). Das über 200 m aus dem Dschungel aufragende Felsmassiv wurde im 5. Jahrhundert als Festung ausgebaut und mit einer mächtigen Schutzmauer umgeben. Über eine steile Treppe erreicht man auf halber Höhe des Felsens eine Galerie, von der eine Wendeltreppe zu den weltberühmten „Sigiriya-Fresken" führt. Es handelt sich dabei um 21 Mädchendarstellungen (möglicherweise Nymphen oder himmlische Wesen) von außergewöhnlicher Schönheit, die um 485 auf die spiegelblanken Felsen gemalt wurden.

Die Galerie führt weiter zu einer Plattform, auf der die Pranken eines riesigen Löwen in den Stein gemeißelt sind. Zwischen ihnen führt abermals eine steile Treppe zu den Palastruinen und einem Wasserreservoir. Der Rundblick von hier ist großartig.

Der Felspalast wurde nur 18 Jahre bewohnt. Er wurde von König *Kassapa* (473–91) errichtet, der seinen Vater *Dhatu Sena* ermorden und seinen Bruder *Moggalana*, den rechtmäßigen Thronerben, aus dem Lande jagen ließ, um selber auf den Thron zu gelangen. Aus Furcht vor der Rückkehr seines Bruders ließ er den Felsenpalast befestigen und verlegte die Residenz von *Anuradhapura* hierher nach Sigiriya. In einer aussichtslosen Schlacht gegen *Moggalana* (491–508) beging er schließlich Selbstmord. Hauptstadt wurde wieder *Anuradhapura*, und Sigiriya geriet in Vergessenheit.

Am Fuße des Felsens liegt der mit Teichen versehene schöne *Königliche Park* und ein gutes Rasthaus.

⌂ R „Sigiriya" (AC), E: 50, D: 90.

⚐ Campingplatz für 10 Zelte mit Feuerstelle, Toilette und Dusche (Zeltmiete: 14,– Rs. für 4 Personen).

Wieder zurück auf der Hauptstraße *A 6* fährt man in südlicher Richtung weiter. Nach 394 km überquert man auf einer hohen Brücke den Fluß *Mirisgoni Oya* und erreicht

Sigiriya

Fresko von Sigiriya

Dambulla. 396 km. Der Ort wird oft als geographischer Mittelpunkt Ceylons bezeichnet und ist wegen seines alten Felsentempels berühmt. Von hier aus begann der Singhalesenkönig *Valagamba* die im Jahre 103 v. Chr. von den Tamilen besetzte Hauptstadt *Anuradhapura* wiederzuerobern. Die fünf Felsenhöhlen, in denen *Valagamba* zuvor Zuflucht gefunden hatte, wurden später in einen herrlichen Buddhatempel verwandelt. (*Geöffnet von 9–11 und von 14–18 Uhr*).

In Stein gemeißelte Stufen führen bis auf die Spitze des etwa 180 m hohen Felsens, so daß Pilger und Touristen ihn mühelos ersteigen können. Von oben hat man einen prachtvollen Rundblick. In den Felsenhöhlen sind zahlreiche Steingravierungen und Fresken von großem religiösen und historischen Interesse. Buddha ist in vielen traditionellen Formen dargestellt. Eine Figur, die ihn in ruhender Stellung zeigt, ist 14 m lang. Die zweite Höhle (Maha Vihara) birgt 50 lebensgroße Statuen von Hindu-Gottheiten. Im 18. Jahrhundert wurden an den Wänden historische Ereignisse, z.B. die Schlacht zwischen *Duttha Gamani* und *Elara* (s. S. 35) wie auch religiöse Szenen aus dem Buddhaleben in leuchtenden Farben dargestellt. Es gibt auch eine Galerie der alten Singhalesenkönige. (Eine Fotografiererlaubnis muß beim Public Trustee, 2 Bullers Lane, Colombo 7, besorgt werden.)

⌂ R „Dambulla", E: 20, D: 30.

Hier kreuzen einander die Hauptstraßen *A 6* und *A 9*. Man folgt der nach Süden führenden Hauptstraße A 9 durch weite Teeplantagen und sieht bei *Naula* (411 km) links eine Straßenabzweigung ,die nach *Elahera* führt. Dort sind riesige alte Stau- und Bewässerungsanlagen überaus sehenswert. Inmitten einer herrlichen tropischen Landschaft liegt das Rasthaus „Greenwoods" (⌂, E: 20, D: 40). – Im Osten erstreckt sich das Naturschutzgebiet *Wasgomuwa*.

Nalanda, 419 km, (⌂), war im 12. Jahrhundert die Residenzstadt von *Parakrama Bahu* (s. S. 10 und 41). Von der ehemaligen Festung sind nur mehr Reste erhalten. Etwas abgelegen liegen hier die Ruinen eines sehenswerten alten Hindutempels.

Die Straße führt nun durch eine tropische Plantagenlandschaft leicht bergan.

Alu Vihara, 438 km, ist durch sein altes Buddhakloster berühmt, das sehr malerisch auf einem mächtigen Granitfelsen über der Straße liegt. Auch hier ist eine Höhle, in der König *Valagamba* (s. *Dambulla*) auf seiner Flucht vor den Tamilen lebte. Im Jahre 80 v. Chr. trat hier ein buddhistisches Kirchenparlament zusammen und beschloß, die bisher nur mündlich überlieferten Lehren Buddhas auf besonders präparierten Palmblättern aufzuzeichnen. Diese Texte sind als *Tripitaka* (moralische Verhaltensmaßregeln für Mönche und Laienbrüder und philosophische Abhandlungen) bekannt.

Der Aufstieg zu den Tempel- und Klostergebäuden führt durch einen Hain von Kokospalmen über zwei Reihen von Steintreppen. In einer Höhle ist eine große bemalte Buddhastatue zu sehen. Die alten Fresken an den Wänden sind nicht sehr gut restauriert. 13 Steinstufen führen zu einem Torbögen mit einer Glocke, der zwischen zwei mächtigen Felsen steht. Dahinter beginnen die Klostergebäude. Ein *Bodhi*-Baum, der hier verehrt wird, soll ein Ableger des heiligen Baumes von *Anuradhapura* sein.

Matale, 441 km, ist ein wichtiges Landwirtschaftszentrum mit großer Rinderzucht. Auf einem Hügel oberhalb von *Saxton Park* sieht man die Reste von Fort *McDonald*, das von den Briten 1803 erbaut wurde. Matale ist Endstelle der Bahnlinie (*Colombo–*) *Kandy –Matale*.

🏨 G „The Bandarapola Tourist Lodge", Alwatte, Matale, E: 45 (F), D: 60 (F). Attraktionen des Hauses sind Ausritte auf Elefanten und Kandy-Tänze.

Man fährt durch eine prachtvolle Hügellandschaft weiter bergan, überquert die *Mahaweli Ganga* und erreicht

KANDY

Kandy (520 m; 75 000 Einw.), 466 km.
Die alte Königsstadt Kandy ist der von Touristen am meisten besuchte Ort Ceylons. Er liegt inmitten einer waldreichen Hügellandschaft von seltener Schönheit und steht als Erholungsort und Sommerfrische in gutem Ruf. Von hier können unzählige schöne Ausflüge, Wanderungen und Spaziergänge in die Umgebung unternommen werden. Kandy wird oft als „schönstgelegene Stadt der Welt" bezeichnet.

Im Herzen der Stadt liegt ein klarer See, der von *Sri Vikrama Rajasinha*, dem letzten König von Kandy, Anfang des 19. Jahrhunderts angelegt wurde.

Tempel des Zahns

Das Gebiet um Kandy im zentralen Hochland von Ceylon wurde verhältnismäßig spät von den Singhalesen besiedelt. Im 14. Jahrhundert wurden einige der heute noch bestehenden Tempel errichtet. Vom Fünf-Hügel-Bezirk (*Kanda-uda-pas-rata*) leitet sich durch Abkürzung der Name Kandy ab.

Die günstige Lage (Berge, Dschungel und die dreiseitige Umfassung durch den Fluß) machten Kandy zu einer natürlichen Befestigung. Weder den Portugiesen noch den Holländern gelang es, die Stadt zu stürmen.

Mit der Eroberung der Stadt im Jahre 1815 durch die *Engländer* fand die 2300jährige Herrschaft der Singhalesenkönige ein Ende.

Kandy ist auch ein großes Pilgerzentrum und Sitz der höchsten buddhistischen Priesterschaft. Zu jeder Jahreszeit sieht man buddhistische Mönche, welche die heiligen Kröten, Fische und Wasserschlangen im See füttern.

Im „**Tempel des Zahns**" (*Dalada Maligawa*) wird als heilige Reliquie der linke obere Eckzahn Buddhas verehrt.

Der Tempel, der aus zahlreichen Gebäuden besteht, liegt am Rande eines bewaldeten Hügels am Ufer des Sees, über den eine kleine, von zwei steinernen Elefanten flankierte Brücke führt.

Im Mittelpunkt des Tempelhofes erhebt sich das Sanktuarium. Darin liegt auf einer goldenen Lotus-Blüte, bedeckt von sieben glockenförmigen, reich mit Edelsteinen verzierten Goldhüllen die *Reliquie*.

Der Zahn hat der Tradition zufolge ein abenteuerliches Schicksal:

Während der Regierungszeit des Königs *Meghavanna* (304–332) soll die Reliquie im Haar einer Prinzessin versteckt auf die Insel gekommen sein. 1283 soll der Zahn geraubt und wieder nach Indien gebracht worden sein, doch König *Parakrama Bahu III*. habe ihn erneut nach Ceylon geholt.

Die Portugiesen sollen den Zahn später in *Goa* zerstört haben. Aber die Buddhisten sagen, damals sei eine Imitation vernichtet worden. Sie glauben, daß sich der echte Zahn Buddhas nach wie vor in Kandy befindet.

Bemerkenswerte Kunstwerke sind die Bronzetüren des Heiligtums, dessen Säulen und Decke mit einer Fülle farbiger Ornamente geziert ist.

Seit 1774 findet hier jedes Jahr im Juli bzw. August zehn Tage lang das berühmte *Perahera* statt, bei dem 60 bis 70 festlich geschmückte Elefanten, Truppen maskierter Tänzer und Musi-

Kandy-Tänzer

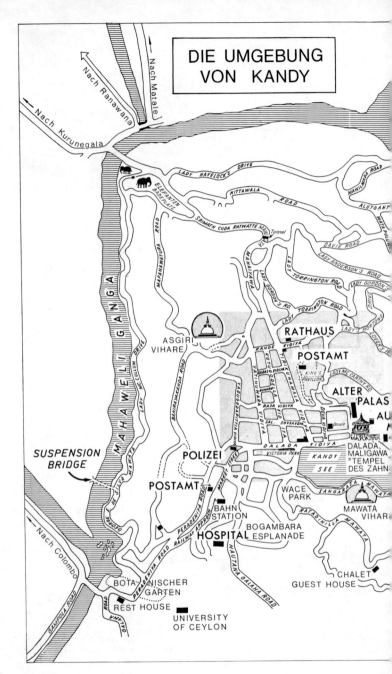

kanten, Fackelträger usw. eine Prozession veranstalten, die von Zehntausenden von Buddhisten aus ganz Asien besucht wird. Das *Kandy-Perahera* gehört zu den farbenprächtigsten und größten buddhistischen Festen der Welt (s. S. 7).

Das *Oktogon* in der Nähe des Tempels beherbergt eine Bibliothek.

Kandy wurde 1592 Hauptstadt des singhalesischen Königreiches. Der alte Königspalast aus dem 16. Jahrhundert liegt hinter dem „Tempel des Zahns", doch wurde er 1803 von König *Rajasinha* völlig umgestaltet. Zum Teil sind seine Gebäude dem Tempel einverleibt worden. Die ehemalige Audienzhalle der Könige aus dem 18. Jahrhundert dient heute als Obergericht. Im nahen Nationalmuseum sind viele wertvolle antike Gegenstände und Ausstellungsstücke zur Volkskunst zu sehen.

Etwa 6,5 km westlich der Stadt liegt der weltberühmte *Botanische Garten Peradeniya*. Er wurde 1371 als Lustgarten angelegt und 1821 in einen botanischen Garten umgestaltet. Hier findet man Palmen, Orchideen und andere Blumen, Gewürzbäume und Tropengewächse aller Art in einer Vielfalt, die als einmalig bezeichnet wird. Vor einem künstlich angelegten See mit einer Vielfalt interessanter Wasserpflanzen liegt ein sehenswertes Orchideenhaus, Bambusstauden umsäumen die Ufer der *Mahaweli Ganga*, die an drei Seiten den Garten umfließt. Gute Autostraßen führen zu den schönsten Stellen des Gartens. In der Nähe erheben sich auch die sehr sehenswerten Gebäude der modernen Universität, an der über 4000 Studenten studieren.

Auch das Kunsthandwerk von Kandy ist berühmt. In den Handwerksstätten der malerischen alten Gassen sind Lackmaler, Mattenweber, Ebenholz- und Elfenbeinschnitzer, Silber-, Kupfer- und Messingschmiede bei ihrer kunstvollen Arbeit zu sehen.

Den besten Überblick über die Stadt Kandy hat man vom *Wace-Park* südlich des Sees.

Beliebte Ausflüge führen nach *Katugastora* (Elefanten, die zwischen 14 und 16 Uhr im Fluß baden), *Lankatilaka Vihara* (Buddhatempel im Stil einer norwegischen Holzkirche), *Gadaladeniya Vihard* (Buddhatempel aus dem 14. Jahrhundert), „Upper Lake" (Oberer See) usw.

PRAKTISCHE HINWEISE

Ein regelmäßiger Bahn- und Autobusverkehr verbindet *Kandy* mit *Colombo*. Es gibt auch zweimal wöchentlich Tagesausflüge in Luxuszügen mit Klimaanlage, die von Bentota über Mt. Lavinia und Colombo nach Kandy fahren. (Mahlzeiten inklusive, 145 Rs.).

Inf.: United Services Library, Dalada Weediya.

🏨 H „Lady Hill", Dongolla, E: 95 (F), D: 120 (F).
🏨 H–G „Chalet", 32 Gregory's Road, E: 65 (F), D: (95 (F).
🏨 G „Castle Hill", Gregory's Road, Vollpension ab 130.
🏨 H „Suisse", Victoria Drive, E: 60, D: 90.
🏨 H „Park View", 102 Dhamarsoka-Mawata, E: 50, D: 75.
🏨 H „Queens", Dalada Vidiya, E: 80–90, D: 110–120.
🏨 G „Windy Cot", 66 Riverdale Rd., E: 40, D: 75 (F).
△ Trinity College, Trincomalee Rd. Boy Scouts Hostel, Bogambara. – Außerdem YMCA und YWCA.

*

Man verläßt Kandy im Süden auf der Straße *A 1*, biegt bei *Peradeniya* (s. S. 51) links auf die Straße *A 5* ab, fährt an Tee-, Kakao- und Kautschukplantagen vorbei und kommt nach

Gampola, 485 km. Der Ort war im 14. Jahrhundert für kurze Zeit Haupt- und Residenzstadt der Singhalesenkönige, doch erinnern nur mehr geringe Baureste an diese Zeit. Sehenswert sind zwei Moscheen und ein Hindutempel, dessen hohes konisches Dach mit Hunderten von Skulpturen indischer Götter und Göttinnen geschmückt ist. Rund um die Hauptstraße liegt der malerische Basar.

🚂. – 🛏 R „Gampola", E; 14.

Man verläßt die Stadt und überquert die *Mahaweli Ganga*. Die Straße steigt nun in zahllosen Kehren (auch Haarnadelkurven!) bergan. Man fährt an großen Teeplantagen vorbei, über *Pusselawa* (🛏, E: 15, D: 20) und den *Ramboda-Paß*, sieht in der Nähe der Straße viele kleinere Wasserfälle und links den 2328 m hohen *Pidurutalagala* (höchster Berg Ceylons) und gelangt nach *Nuwara Eliya*.

Dieser Streckenabschnitt gehört zu den abwechslungsreichsten und landschaftlich schönsten der Rundfahrt. Mehrere

Devon Falls

Abzweigungen führen von der Hauptstraße zu den berühmten Wasserfällen *Aberdeen Falls, Laksapana Falls, St. Clair Falls, Devon Falls* u.a., die auch in einem Tagesausflug von *Kandy* bzw. *Nuwara Eliya* aus besichtigt werden können. Die Gebirgsstraßen sind durchweg in gutem Zustand.

Von den Orten *Gampola* und *Ramboda* führen gute Straßen in südlicher Richtung durch weite Teeplantagen, über *Hatton* (🚂, 🛏) und *Maskeliya* in das Naturschutzgebiet *Peak Wilderness Sanctuary* zum berühmten

Adams Peak (*Sri Pada*; 2240 m). Dieser Berg wird von Buddhisten, Hindus und Moslems als „heilig" angesehen. Auf seinem kegelförmigen Gipfel befindet sich eine 1,60 m lange und 75 cm breite Vertiefung im Stein, die von den Buddhisten als Fußspur Buddhas, von den Hindus als Fußspur Sivas und von den Moslems als Fußspur Adams bezeichnet wird. Der Aufstieg (beste Jahreszeit April und Mai) dauert etwa 5 bis 8 Stunden. Eine in den Felsen gemeißelte Treppe führt knapp bis unterhalb des Gipfels. Der restliche Pfad ist mit Ketten abgesichert. Oben liegt ein kleines Kloster, in dem einige buddhistische Mönche leben. Tausende von Pilgern besteigen jedes Jahr zur „Pilgerzeit" (von Dezember bis Ende April) an religiösen Festtagen den Berg. Es herrscht hier völliger Religionsfrieden. Überall gibt es Rastplätze mit herrlichem Rundblick.

*

Bei *Ausflügen* ins Gebirge, auch bei einem Besuch von Nuwara Eliya, sollte man *wärmere Kleidung* bei sich haben, denn im Hochland sind die Temperaturen weit niedriger als in *Kandy* oder in der Ebene.

Nuwara Eliya (2040 m), 543 km, ist ein landschaftlich herrlich gelegener Gebirgsort. Es gibt hier zahlreiche Hotels und Gasthäuser, Klubs, einen schönen See zum Bootfahren, einen Golfplatz, Tennisplätze, Kinos und viele andere Vergnügungs- und Sportmöglichkeiten. Der Ort ist von gepflegten und blumengeschmückten Gärten, typisch englischen Rasenflächen, rotem Rhododendron, Zypressen, *Kiwa*-Bäumen (ähnlich den Steinpinien) und Obstbäumen umgeben und wird wegen seines angenehmen und gesunden Klimas oft als „Sanatorium Ceylons" bezeichnet.

Hier lag auch die Sommerresidenz des britischen Generalgouverneurs der Insel. Sehr beliebt sind Spaziergänge oder -fahrten rund um den See (etwa 9,5 km).

Nuwara Eliya wird gern von *Sportanglern* aufgesucht. Hier hat auch der *Ceylon Fishing Club* seinen Sitz. In seinem Büro sind (Mai bis Oktober) Angelkarten erhältlich. Die Gebirgsgewässer sind sehr gut mit Regenbogenforellen besetzt.

Der Ort wird vom *Pidurutalagala* (2528 m) überragt, der in einem Tagesausflug leicht bestiegen werden kann. (Großartiger Rundblick!)

Andere Tagesausflüge führen – zum Teil mit dem Wagen, zum Teil auf dem Pferd – in die südlich gelegene Gebirgswelt, zu den *Horton Plaine* (30 km), in den Dschungel von „World's End", auf die Berge *Totapola* (2360 m) und *Kirigalpotta* (2369 m) usw. Der Aufstieg zum Kirigalpotta (ca. 2 Stunden vom Rasthaus) ist nicht ganz einfach. Ungeübte sollten besser mit einem Führer gehen.

Die Eisenbahnstation von *Nuwara Eliya* liegt 7 km westlich im 1700 m hoch gelegenen *Nanu Oya* (regelmäßige Autobusverbindung). Von hier gibt es täglich Züge über *Kandy* nach *Colombo*.

🏨 H „Nuwara Eliya Tourinn", E: 200 (F), D: 250 (F).
🏨 H „Grand Hotel" (Vollpension), E: 65–70, D: 120–150.
🏨 H „Grosvenor", E: 25–40, D: 50–70.
🏨 G „The Princess", E: 45 (F), D: 80 (F).
⚠ „Service Centre", 15 Cross Street; „Molesworth", Glenfall Road; „Lyndhurst".

Auf der Weiterfahrt sollte man eine der vielen Teeplantagen besuchen, um eine Vorstellung von der Gewinnung des weltbekannten *Ceylon-Tees* zu bekommen. Auf der Straße *A 5* erreicht man

Hakgala, 553 km, dessen *Botanischer Garten* sich zu Füßen eines mächtigen Felsens erstreckt. Die Schönheit des Gartens, in dem alle Blumen und Pflanzen der gemäßigten Klimazone blühen, ist im ganzen Land berühmt. Gladiolen, Rosen, Nelken, Narzissen und Chrysanthemen sind hier in seltener Vielfalt zu sehen. Hakgala ist einer der wenigen Orte in den Tropen, wo aus Europa eingeführte Blumen mit Erfolg angepflanzt wurden. Man hat von hier einen schönen Blick auf die *Uva*-Hügel, die sanft zum Meer abfallen.

Die abwärts führende Straße ist von gelbem Ginster und rotem Rhododendron gesäumt. Die Gegend ist durch ihren Blumenreichtum berühmt. Wir sehen rosenumrankte Häuser, romantische Heiden und grüne Hügel, Forellenbäche, kleine Teiche und viele *Wawas*.

Rund um *Welimada* (⌂) wurde während der britischen Kolonialzeit viel Kaffee angebaut. Aber 1919 vernichtete ein Schädling alle Kaffeepflanzen. Die Fahrwege und Fußpfade im heute unbewirtschafteten Gelände zeugen von den einstigen Kaffeeplantagen.

*

Bei *Welimada* (572 km) zweigt man rechts ab und fährt in südlicher Richtung auf einer kurvenreichen Straße bergab nach *Bandarawela* (s. S. 54).

Von *Welimada* führt ein lohnender Abstecher auf der Straße *A 16* nordwärts nach

Badulla (728 m), dem Hauptort der Provinz *Uva*. Badulla gehört zu den ältesten Orten Ceylons und liegt sehr malerisch mitten in einem weiten grünen Tal, das vom *Badulla Oya* be-

Nuwara Eliya

wässert wird. In ihm gibt es große Teeplantagen. Zwei alte Buddhatempel (*Mutiyangane Vihare* und *Kataragama Dewala*) und eine *Dagoba* sind sehenswert. In der Nähe befinden sich die *Duhinda*-Wasserfälle (☬. – ⌂ und △).

*

Bandarawela (1320 m), 590 km, ist ein sehr beliebter Ferien- und Kurort mit gesundem Klima. Der Ort hat einen malerischen Marktplatz und ein sehr schön gelegenes Hotel (⌂ „Bandarawela", E: 45, D: 60). Von hier lassen sich viele Ausflüge in das Gebirgsland (*Horton Plains, World's End* usw.) unternehmen (☬).

Man fährt nun über den

Haputale-Paß (1600 m). Dort hat man einen unvergeßlichen Ausblick auf das Tiefland von Südost-Ceylon mit den vielen großen Stauseen und dem Meer im Hintergrund.

⌂ G „Monomaya Holidays", E: 40 (F), D: 65 (F).

Die Straße zieht sich in vielen Windungen hinunter in die Ebene. Unterwegs lohnt ein kurzer Abstecher zum fast 200 m hohen *Diyaluma*-Wasserfall, dem höchsten der Insel.

Bei *Weliyawaya* (⌂) biegt man rechts auf die Straße *A 2* ab und folgt dem Lauf des Flusses *Kirindi Oya*, über *Tellula, Tanamalwila* und durch ein großes Naturschutzgebiet nach

Tissamaharama, 708 km. Die Stadt war früher oft von den Singhalesenkönigen als Aufenthaltsort gewählt worden, wenn ihre nördlichen Hauptstädte von den *Tamilen* besetzt waren. In der Stadt und in den umliegenden Wäldern sind voch viele Ruinen alter Paläste und Dagobas erhalten. Die älteste und größte Dagoba (etwa 50 m hoch) wurde erst vor wenigen Jahren restauriert und ist ein großes buddhistisches Pilgerzentrum. Von hier wandern die Pilger 18 km nordwärts durch den Dschungel nach *Kataragama*, einem anderen Pilgerzentrum. In Tissaharama ist auch ein interessantes Vogelschutzgebiet.

⌂ R, „Tissamaharama" (AC) E: 80, D: 90; ohne AC ab 35.

Eine nicht sehr gute Straße führt von hier in südlicher Richtung nach *Kirinda*, einem kleinen Hafen. Neben der Straße sieht man zahlreiche interessante Ruinen. Bevor man nach Kirinda kommt, zweigt eine andere Straße links ab nach *Palatupana*. Von dort fährt man in den **Yala- oder Ruhuna-Nationalpark.** Ein halb- oder ganztägiger Ausflug von *Tissamaharama* in dieses Wildschutzgebiet ist sehr zu empfehlen, da an bestimmten Stellen im tropischen Dschungel verschiedenes Wild, Büffel und wilde Elefanten beobachtet werden können. Im Dschungel ist auch ein altes britisches Fort aus dem Jahre 1813 zu sehen. Die Weiterfahrt ist nur mit dem Jeep oder Landrover zu empfehlen. Nördlich von *Yala* (es ist auch die Bezeichnung *Yala*-Wildreservat gebräuchlich) gibt es auch Bären und Leoparden (s. S. 8). (7 ⌂ G und R.)

Von *Palatupana* führt eine schlechte Küstenstraße nach *Batticaloa* (208 km). Sie ist in der Regenzeit nicht befahrbar, in der Trockenzeit nur mit Jeep oder Büffelkarren zu benutzen.

*

Man verläßt Tissamaharama im Westen, überquert den Fluß *Kirindi Oya*, gelangt wieder auf die Hauptstraße *A 2* und erreicht das Meer bei

Hambantota, 740 km, einem Hauptort der Südprovinz mit großer Meersalzgewinnung. Vor den Sanddünen (sehr gute Bademöglichkeiten) sind Palmyra-Palmen angepflanzt. Ein Großteil der Bevölkerung besteht aus *Malaien*, die durchweg *Moslems* sind. Sie betreiben hauptsächlich Fischfang. Es werden hier ausgezeichnete Krabben, Hummer und Garnelen angeboten.

⌂ R „Hambantota", E: 15, D: 30.

Die Straße *A 2* führt nun nahe an der exotischen Südküste entlang. Man kommt durch malerische Fischerdörfer und unendliche Palmenhaine.

Nach *Ambalantota* (⌂), 753 km, überquert man die *Walawe Ganga*, fährt ein

Südküste

Stück landeinwärts über *Ranna* (769 km), sieht einen malerisch auf einem Felsen thronenden Buddhatempel links neben der Straße und erreicht bei *Tangalla* (782 km) wieder das Meer.

Über *Dikwella* (798 km) gelangt man nach

Dondra, 817 km, den südlichsten Punkt Ceylons. Hier ragt ein 52 m hoher, 1889 erbauter Leuchtturm aus einem Wald von Kokospalmen. Früher befand sich in Dondra ein sehr alter, als heilig verehrter Tempel, der von den *Portugiesen* zerstört wurde. Neben seinen Ruinen wurde ein neuer Tempel erbaut, der jedes Jahr im Juli bzw. August sieben Tage lang Mittelpunkt einer großen religiösen Feierlichkeit (*Dondra-Perahera*) ist. — Man überquert die *Wilwara-Ganga* vor dem Ort

Matara, 818 km. Während der holländischen Kolonialzeit war der Ort schwer befestigt. Damals war Matara Zentrum des ceylonesischen Gewürzhandels. Im Fort ist ein gutes Hotel (⌂) und ein schöner Glockenturm. Man findet hier in der Gegend viele Halbedelsteine, unter denen besonders der weiße *Zirkon* als „Matara-Diamant" berühmt ist.

In der Nähe liegen interessante — oft unterirdische — Felsentempel. Im *Werahena*-Tempel steht die größte Buddhastatue des Landes (39 m hoch). Die Mauern sind mit ungemein farbenfrohen Zeichnungen geschmückt.

Eine Straße führt auf eine kleine Insel, auf der sich ein buddhistisches Seminar und ein Kloster (*Chula Lanka*) befinden.

Matara ist die Endstation der Bahnlinie Colombo—Galle—Matara. Die Eisenbahn verläuft parallel zur Küstenstraße. Überall sieht man weite Kokosnußplantagen.

Weligama, 832 km, liegt sehr malerisch in einer schönen Bucht gleichen Namens. Dem Rasthaus (⌂) gegenüber liegt eine kleine Insel, die einem französischen Adeligen, *Count de Mauny*, gehörte. Er ließ hier eine prächtige Villa bauen, die von einem herrlichen Garten umgeben ist.

Etwa 800 m nach der Stadtausfahrt sieht man links neben der Straße eine aus dem Felsen gemeißelte und völlig erhaltene alte Kolossalstatue, die einen Singhalesenkönig darstellt (*Kushtaraja-Statue*). Im Volksmund wird sie als

Hikkaduwa

„Lepra-König" bezeichnet, da der König nach Befolgung eines göttlichen Befehls auf wundersame Art von seiner Krankheit geheilt worden war.

Schließlich erreicht man
Galle, 863 km (s. S. 32).

Die Küstenstraße führt weiter über *Dodanduwa* (876 km) nach

Hikkaduwa, 882 km. Der Ort wird als Badeaufenthalt sehr geschätzt. Der weite, feinkörnige Sandstrand wird von zahllosen Kokospalmen begrenzt. Man kann – von November bis April – in Booten mit Glasböden aufs Meer fahren und die prachtvollen „Korallengärten" und die tropischen Fische bewundern. Die Korallengärten mit ihrer Wunderwelt an Höhlen, Grotten und Türmen, die in einer Vielvalt von Farben schillern, werden als schönste ganz Asiens bezeichnet. Alle Arten von Unterwassersport (auch Speerfischen) sind hier beliebt. Haie aller Größen lassen sich aus nächster Nähe fotografieren. Man sagt, sie hätten hier noch nie einen Menschen angegriffen. — ⌂.

Korallengarten

H „Coral Gardens", E: 135 (F), D: 160.

„Blue Corals", E: 80–100 (F), D: 110–120 (F).

„Coral Front Inn". – .

Ambalangoda, 896 km, ist ein schöner Badeort und wegen seines Kunsthandwerks (Holzschnitzerei) berühmt. Von hier stammen die traditionellen Tanzmasken (*Ves Muhunu*), die aus *Kadunuholz* geschnitzt und bunt emailliert werden. Es gibt drei Hauptarten von Masken: *Raksha* (der Teufel), *Sanni* (Austreiber von Bösem und von Krankheiten) und *Kolam* (Komödienmaske, die beim Volksspiel verwendet wird). Im Rasthaus des Ortes werden auf Verlangen Maskentänze und Puppenspiele organisiert. ().

Von hier führt eine Straße 7 km in das Landesinnere nach *Meetiyagoda*, wo es alte „Mondstein"-Grabungsfelder

Maskenschnitzer

und -Gruben gibt. Etwa 5 km weiter liegt der sehenswerte buddhistische Ruinentempel *Totagamuwa*, der durch Ceylons größten Dichter, *Laureate Sri Rahula*, berühmt wurde.

R „Ambalangoda", E: 15, D: 30.

Bentota, 919 km, ist ein weiterer bekannter Badeort an der Mündung des gleichnamigen Flusses und wegen seiner Austern berühmt. Er besitzt ein großes Shopping Centre, eine Kunstgalerie und ein Freilufttheater. Viele Ceylonesen aus *Colombo* verbringen hier ihr Wochenende. Man kann mit den einheimischen Fischern in ihren typischen Auslegerbooten mitfahren und ihren uralten Liedern zuhören oder auf „Fotosafari" gehen. Ein altes portugiesisches Fort wurde von den Holländern zerstört. An seiner Stelle wurden 1970/71 ein Luxushotel mit Klimaanlage und eine Strandbungalow-Siedlung erbaut. In den letzten Jahren entwickelte sich der Ort zu einem bekannten Touristenzentrum mit zahlreichen Buffets und Fischbratereien am Strand, mit Tanzkapellen, folkloristischen Veranstaltungen, Vorführungen von Puppenspielen, Dämonentänzen usw.

Sehenswert sind der *Galpotha*-Tempel aus dem 14. Jahrhundert mit sehr schön geschmücktem Portal und die *Kechimalai*-Moschee im Nachbarort *Beruwala*, der im 11. Jahrhundert von arabischen Einwanderern gegründet wurde. ().

H „Bentota Beach", Vollpension ab 220.

H „Lihiniya Surf" (AC), Vollpension ab 220.

H „Serendib", E: 160, D: 180, Vollpension ab 180.

Kalutara, 938 km, liegt an der Mündung des *Kalu Ganga* und ist die Heimat berühmter Korb- und Strohflechter und Mattenweber. Die aus Stroh, Kokos- und Palmfaser hergestellten Artikel werden bunt bemalt und sind beliebte kunsthandwerkliche Souvenirs. Die hier angefertigten „Panamahüte" sind federleicht und berühmt. Im Juli und August reifen in Kalutara schmackhafte Mangofrüchte. Man kann sehr schöne Ausflüge auf guten Straßen in das Landesinnere unternehmen, wo es große Gummibaum-Plantagen gibt.

G „Samanpaya", Vollpension ab 50.

Man fährt die Küstenstraße weiter nach Norden. Die Gegend ist hier sehr bevölkert, die Siedlungen liegen dicht nebeneinander. Von *Panadura* (928 km) führt die Straße *A 8* in östlicher Richtung nach *Ratnapura* (s. S. 63).

Moratuwa, 961 km, ist ein wichtiger Marktplatz und für Touristen deshalb interessant, weil sie hier im „Meth Medura" der *Sarvodaya Shramadana* (buddhistische Bewegung) einen Einblick in das tägliche Leben einer auf rein buddhistischen Grundsätzen aufgebauten Dorfgemeinschaft nehmen können. Ausländische Besucher sind täglich zwischen 6 und 20 Uhr willkommen. Der Ort ist auch durch seine Schreiner und Möbelhersteller bekannt, die mit großem handwerklichem Können Einrichtungsgegenstände aller Art anfertigen ().

Die Küstenstraße verläuft weiter durch dicht besiedeltes Gebiet; parallel zur Bahnlinie; man fährt durch **Mt. Lavinia** (s. S. 29) und schließlich auf der *Galle Road* nach **Colombo,** 979 km (s. S. 23).

Route 2: Colombo—Anuradhapura—Jaffna (393 km)

Bis *Anuradhapura* kann man entweder von Colombo auf der Küstenstraße *A 3* bis *Puttalam* und dann auf der *A 12* über *Kala Oya* fahren oder durch das Landesinnere über *Polgahawela* und *Kurunegala*. Da die erste Möglichkeit schon in Route 1 dargestellt wurde, wird hier die gut ausgebaute Straße durch das Landesinnere beschrieben.

Man verläßt Colombo über die *Prince of Wales Avenue*, überquert die *Kelani Ganga* auf der *Victoria Bridge* und fährt auf der *A 1* in nordöstlicher Richtung nach

Gampaha, 26 km. Der Ort gehört zu den schönsten Gartenstädten Ceylons. Ein im Jahre 1876 eröffneter *Botanischer Garten* besitzt viele tropische Blumen und Gewächse sowie einen naturbelassenen „Originaldschungel", durch den jedoch gute Wege führen. Hier wurden Ende des 19. Jahrhunderts auch die ersten aus dem Amazonasgebiet (*Brasilien*) stammenden Gummibaumsamen (*Hevea brasiliensis*) und Kautschukbüsche von der *Malaiischen Halbinsel* eingepflanzt, die sich rasch dem Boden anpaßten. (⛺; ⓗ). Bei

Veyangoda, 38 km, ist der buddhistische Felsentempel *Warana* sehenswert. (⛺). Die Straße führt leicht bergan, an weiten Reisfeldern und Kokosnuß-Plantagen vorbei und durch den Ort *Ambepussa* (ⓗ). – Die Straße *A 1* führt hier weiter nach *Kandy* (s. S. 49). Man zweigt auf die nordwärts führende *A 6* ab und kommt nach

Polgahawela, 73 km. Der Ort ist ein wichtiger Verkehrsknotenpunkt. Die von Colombo kommende Eisenbahnlinie teilt sich hier. Eine Strecke führt nach Osten (*Kandy*), die zweite nach Norden. Sehenswert ist der 3 km entfernte Buddhatempel *Denagomuwa* mit einem großen Kloster (ⓗ).

Kurunegala, 94 km, liegt am Rande einer zerklüfteten Felsenkette, die wegen ihrer seltenen Formen Tiernamen hat (Elefantenfels, Schildkrötenhügel, Aalgipfel usw.), Die Stadt wird vom 330 m hohen *Etagala* (Elefantenfels) überragt. Von oben hat man einen prachtvollen Ausblick. Am Fuße des Felsens liegt ein künstlicher See zu Bewässerungszwecken. (⛺).

Im 14. Jahrhundert war Kurunegala für kurze Zeit Hauptstadt. Heute ist der Ort als Ausflugszentrum beliebt.

Eine gute Straße führt 19 km in nordöstlicher Richtung zum *Ridi-Vihara* („Silbertempel"), einem sehr alten Buddhakloster am Fuße eines kleinen Hügels (Treppenaufgang, 200 Stufen). Im Kloster wird eine seltene Sammlung alter buddhistischer Palmblatt-Manuskripte aufbewahrt. Die Tempeltore sind prachtvoll geschnitzt und mit Elfenbein ausgelegt. – (ⓗ).

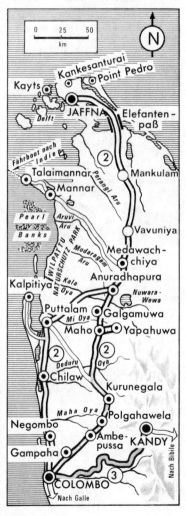

Von *Kurunegala* führen auch gute Straßen nach *Negombo* und *Puttalam* (siehe Route 1).

Man fährt weiter auf der A 10 über *Wariyapola*, 113 km, überquert den Fluß *Deduru Oya* und zweigt von der Hauptstraße rechts ab nach

Maho, 138 km. Von hier führt eine Nebenstraße zum 6 km östlich gelegenen *Yapahuwa*. Diese Stadt wurde zur Zeit der Tamileneinfälle im 13. Jahrhundert gegründet. Der Singhalesenkönig *Bhuvaneka Bahu* (1271–83) verlegte die Hauptstadt hierher und ließ die Befestigung bauen. Nach ihrer Eroberung durch die *Tamilen* und der Verlegung der Singhalesenhauptstadt nach *Kurunegala* verlor sie an Bedeutung. Sie wurde Ende des 16. Jahrhunderts von den *Portugiesen* zerstört.

Treppenenaufgang Yapahuwa

Vom ehemaligen Königspalast sind nur mehr spärliche Reste übrig. Prachtvoll erhalten ist hingegen der Treppenaufgang mit schönen Steinreliefs und dekorativen Skulpturen.

Man fährt in nördlicher Richtung weiter, überquert den Fluß *Mi Oya* (links Abzweigung zu einem großen Stausee) und kommt nach

Galgamawa, 164 km, einem kleinen Ort mit typischem Marktplatz (🛏). Von hier ist ein Ausflug zum 12 km entfernten Ruinenfeld von *Rajangane* lohnend. Noch weiter nördlich liegt

Anuradhapura, 205 km (s. S. 34). Man fährt nun auf der A 20 weiter, überquert die Bahnlinie und kommt nach

Medawachchiya, 23 km. Hier zweigen die A 14 und die Bahnlinie in nordwestlicher Richtung über *Mannar* nach *Talaimannar* ab, von wo aus man mit dem Ferryboat nach *Dhanuskhodi* auf das indische Festland fährt. Am Südrand von *Medawachchiya* liegt der *Mahagalkadawale*-Tank, ein großes Wasserreservoir zur Bewässerung des Landes.

Man folgt der neben der Bahnlinie nach Norden ziehenden A 9 über *Vavuniya* (🛏; ⌂), 258 km, einem kleinen Ort am Ufer eines Wassertanks, *Puliyankulam* (282 km) und *Mankulam* (🛏; ⌂), 290 km, nach *Iranaimadu* (316 km). Östlich dieses Ortes liegt wieder ein größerer Wassertank.

*

Man gelangt nun in den nördlichsten Teil Ceylons, auf die Halbinsel *Jaffna*. Hier gibt es weite, öde Gebiete, in denen nur dürre Palmyrapalmen und seltsam geformte *Boababs* gedeihen. Mit Hilfe von Bewässerungskanälen und Brunnenanlagen ist erst ein Teil dieses Gebietes landwirtschaftlich erschlossen worden. An der Südküste der Halbinsel sind Lagunen und Mangrovensümpfe. Im Westen sind zahlreiche Inseln vorgelagert (s. S. 31). Im Norden findet man Korallenbänke und im Osten weite Sanddünen. Die Dünen von *Manalkadu* werden oft als „Kleine Sahara" bezeichnet. In Kalksteinhöhlen gibt es Galerien, die sich mehrere hundert Meter weit unter der Erdoberfläche dahinziehen. An den Küsten wird viel Salz gewonnen. Die Bevölkerung besteht fast ausschließlich aus *Tamilen*, die dem Hindu-Glauben angehören. Sie haben das Land dicht besiedelt und versuchen, jeden Fußbreit Boden fruchtbar zu machen. Das Klima ist heiß und trocken.

*

Die Straße und die Bahnlinie führen nun über einen Damm, den

„Elefantenpaß", 336 km. Dieser Name ist auf eine Gewohnheit der Elefanten zurückzuführen, die vom Süden her das seichte Wasser passieren, um auf die Halbinsel *Jaffna* zuwandern. Bei *Pallai* (🛏), 351 km, gibt es große Tabakpflanzungen. *Chavakachcheri* (🛏; ⌂), 356 km, ist eine größere Ortschaft inmitten eines Haines von Palmyrapalmen. Zu beiden Seiten der Straße sieht man zwischen den einfachen Häusern der Ortschaften *Gopurams* (hohe konische Dächer) von *Siva*-Tempeln herausragen. Schließlich erreicht man

Jaffna, 393 km (s. S. 30).

Route 3: Colombo—Kandy—Batticaloa (419 km)

Man verläßt Colombo auf der *A 1* im Norden, überquert die *Kelani Ganga* und fährt durch fruchtbares Land, in dem besonders viel Reis angebaut wird. Vor *Ambepussa* (⌂) gibt es große Kautschuk- und Teeplantagen (siehe Route 2). Man biegt rechts ab und fährt über *Kegalla* (80 km) – eine kleine Stadt inmitten grünen Hügellandes – ständig bergan. Bei *Kadugannawa* (104 km) führt die Straße über einen etwa 350 m hohen Paß. Eine Gedenksäule erinnert an die Fertigstellung der Straße im Jahre 1838. Bevor man *Kandy* erreicht, sieht man inmitten einer üppigen tropischen Landschaft neben der Straße den weltberühmten *Botanischen Garten* von *Peradeniya* (s. S. 49/50), der an drei Seiten von der *Mahaweli Ganga* umflossen wird. Hier ist auch die Universität von Ceylon.

Als nächsten Ort erreicht man

Kandy, 116 km (s. S. 49).

Der nächste Straßenabschnitt über *Gampola, Ramboda, Nuwara Eliya* (195 km) und *Hakgala* nach *Welimada* entspricht jenem der Route 1 (s. S. 50/51).

Bei *Welimada* (221 km) fährt man auf der in östlicher Richtung weiter über *Ettampitiya* (große Terrassenkulturen mit viel Reisanbau) ständig bergab nach

Badulla (728 m), 253 km (s. S. 51/52).

Etwa 20 km südlich von Badulla liegt der bekannte Gebirgs-Kurort *Ella*, ein beliebtes Ausflugs- und Ferienzentrum in 1050 m Höhe (⌂ T „Ella". E: 20, D: 25).

Man verläßt Badulla im Osten, fährt auf der *A 5* weiter durch ausgedehnte Teeplantagen wieder bergan bis *Debedda* (1240 m), dann wieder abwärts nach *Passara* (960 m; 272 km). Der Ort liegt zu Füßen des 2200 m hohen *Namunakala*. Die Gebirgslandschaft wird immer grandioser. Die Berge treten oft dicht zusammen, um dann wieder einen weiten Ausblick freizugeben. Die leicht abfallende Straße wendet sich nun scharf nach Norden. Nach *Lunugala* (⌂), 295 km, folgt einer der landschaftlich schönsten Streckenabschnitte der Insel, die Talfahrt nach

Bibile (260 m; 311 km). Es gibt hier ein kleines Rasthaus (⌂), von dem aus man zahlreiche schöne Ausflüge in die Umgebung unternehmen kann. In der Nähe entspringen warme Quellen. Östlich des Ortes breitet sich eine Dschungellandschaft (Nationalpark) aus, in der es wilde Elefanten, Leoparden, Bären, Büffel, *Sambhurs*, zahlreiches anderes Wild und eine reiche Vogelwelt gibt. Dschungelsafaris mit dem Jeep können organisiert werden. Die Jagdsaison ist von November bis April. Mit Ausnahme von Leoparden und Bären darf kein Wild ohne Lizenz ge-

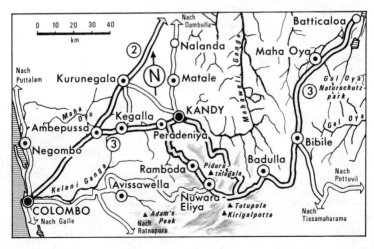

schossen werden. Elefanten und Büffel stehen unter Naturschutz. (Interessenten wenden sich an das *Department of Wild Life*, Echelon Square, Colombo).

*

Es gibt auch eine direkte Straße von Kandy nach *Bibile*, die aber nach heftigen Regenfällen nur schwer befahrbar ist. Sie führt von Kandy ostwärts über *Teldeniya* und *Madugoda* nach *Weragantota* an der *Mahaweli Ganga*. Von hier hat man einen herrlichen Ausblick auf die Hügelketten und die weiten Ebenen im Osten. (Lohnend ist ein Abstecher zu den nahen *Rarna Ella Falls*.) Man gelangt mit einer Fähre nach *Alutnuwara* auf der anderen Seite des hier ziemlich reißenden Flusses. Etwas weiter stromaufwärts wurde kürzlich eine Brücke gebaut. Es gibt auch eine Autobusverbindung *Kandy–Weragantota* (bis zur bzw. von der Fähre) und *Alutnuwara–Badulla* bzw. *Bibile*. In *Alutnuwara* ist eine alte Dagoba sehenswert. (◊).

*

Die *A 5* führt von *Bibile* in nördlicher Richtung weiter bergab. Rechts liegt der Dschungel und das Naturschutzgebiet von *Gal Oya* (s. S. 8), in dessen Mittelpunkt der Ort *Inginiyagala* mit dem Frischwassersee *Senannayake Samudra* liegt.

Zwischen *Bibile* und *Galodai* (345 km) trifft man noch auf die Ureinwohner Ceylons, die *Veddas*. Sie sind vollkommen unberührt von jeder Zivilisation. Zum Teil leben sie noch im tiefen Dschungel, ohne daß man ihre Lagerstätten kennt. Ein „Dschungeldorf" kann man von Colombo aus mit dem Hubschrauber erreichen.

Bei *Maha Oya* (◊), 360 km, gibt es einen großen Tank zu Bewässerungszwecken und in der Nähe die heiße Quelle *Unuwatura Bubula*.

Die Straße führt nun zwischen *Tumpolanchola* (382 km) und *Rukam* (387 km) an zwei künstlichen Seen vorbei, im Westen der *Rukam*-Tank, im Osten der *Unichchai*-Tank.

Man verläßt nun den Dschungel und kommt auf ein landwirtschaftlich überaus fruchtbares Land.

Chenkaladi (🏛), 403 km, ist ein größerer Marktplatz am nördlichen Rand eines großen Salzwassersees, der sich fast 50 km in südlicher Richtung ausbreitet und schmale Abflüsse zum Meer hat. Die Bevölkerung besteht hier ausschließlich aus hinduistischen *Tamilen* und mohammedanischen „Mauren", wie die Nachkommen der früheren *arabischen* Einwanderer genannt werden.

Von *Chenkaladi* erreicht die nördliche Küstenstraße *A 15* nach 118 km *Trincomalee*. Dazwischen liegen schöne sandige Badestrände. Besonders der Ort *Kalkudah* (18 km von *Chenkaladi*) wird als Badeplatz sehr geschätzt.

Man fährt aber in südlicher Richtung weiter und überquert auf einer malerischen Dammstraße den Salzwassersee nach

Batticaloa, 419 km, Die Stadt liegt auf einer Insel im Salzwassersee und ist durch eine breite, sandige Landzunge mit vielen Kokospalmen vom Meer getrennt. Aus der holländischen Kolonialzeit sind noch die Mauern eines Forts erhalten. Batticaloa war der erste Ort auf Ceylon, wo die Holländer im Jahre 1602 landeten. Die *Tamilen* nennen ihn „Tamarindeninsel", weil es hier viele dieser Bäume gibt. Batticaloa ist auch durch seine „singenden Fische" bekannt. In klaren Vollmondnächten hört man sie von der Lagune her. Empfehlenswert ist eine Bootsfahrt, bei der man das Summen der „singenden Fische" aus der Tiefe des Wassers hört. Die Badebuchten nördlich und südlich der Stadt zählen zu den schönsten der Insel.

Es gibt einen täglichen Autobusverkehr nach *Badulla*, *Trincomalee* und *Arugam Bay*. Die Eisenbahn führt über *Polonnaruwa* nach *Trincomalee* bzw. *Maho*, mit Anschluß nach *Mannar*, *Jaffna* und *Colombo*.

🏛 H „Orient", E: 35–40, D: 70–90.
◊ R „Batticaloa", E: 20–30, D: 35–40.

Strand von Batticaloa

Route 4: Colombo—(Kandy—)Trincomalee (303 km)

Die Hauptstraße führt von Colombo in nordöstlicher Richtung über *Kurunegala* (siehe Route 2) und stößt bei *Dambulla* auf die von *Kandy* kommende Straße nach *Trincomalee*. Wegen der landschaftlichen Schönheit ist jedoch die Fahrt über *Kandy* mehr zu empfehlen. Die Strecke *Colombo–Kandy* (bis *Ambepussa* siehe Route 2; *Ambepussa–Kandy* siehe Route 3) ist eine der meistbefahrenen der Insel.

Man verläßt *Kandy* (116 km; s. S. 49) auf der *A 9* im Norden, überquert den *Mahaweli Ganga* und fährt über *Matale* (🚂; ⌂), 142 km, *Nalanda* (164 km) und *Naula* (175 km) nach *Dambulla* (188 km). Dieser Streckenabschnitt ist in umgekehrter Folge in Route 1 genau beschrieben. Nach der Besichtigung des berühmten Felsentempels von *Dambulla* (s. S. 48) fährt man in nordöstlicher Richtung auf der *A 6* weiter, überquert den Fluß *Mirisgoni Oya* und sieht rechts eine Abzweigung nach *Sigiriya* (lohnender Abstecher zur „Himmelsburg" mit den weltberühmten Fresken; s. S. 47). Schließlich erreicht man

Habarane, 212 km. Hier ist ein alter buddhistischer Tempel mit schönen Wandmalereien sehenswert. Der Ort besitzt einen großen Wassertank, vor dem sich ein hoher Felsen erhebt. Von seinem Gipfel aus hat man einen prachtvollen Rundblick über die Wälder, die sich im Norden und Osten ausbreiten. Im Süden sieht man die Felsenburg von *Sigiriya*.

Habarane ist ein wichtiger Verkehrsknotenpunkt. Gute Straßen führen von hier in alle Richtungen. (Ausflüge nach *Anuradhapura* im Nordwesten und *Polonnaruwa* im Osten sind sehr empfehlenswert). Die Eisenbahn verbindet Habarane mit *Trincomalee*, *Batticaloa*, *Maho* (Abzweigung nach *Talaimannar* und *Jaffna* oder nach *Colombo*).

⌂ R „Habarane", E: 25, D: 30.

Die Straße führt nun am Rande dichter Wälder an der Bahnlinie entlang nach *Gal Oya* (🚂), 232 km. Die Wälder treten immer dichter zusammen, und bei einer kurzen Fahrtunterbrechung ist es interessant, den zahllosen Tierstimmen aus dem nahen Dschungel zuzuhören. Affen überqueren oft in großen Scharen die Straße, daher ist vorsichtiges Fahren ratsam. Über *Alut Oya* (🚂), 244 km, erreicht man

Kantalai, 264 km. Der Ort besitzt einen typischen Marktplatz und ein kleines Rasthaus (⌂). Er liegt sehr malerisch am Ufer des *Kantalai*-Tanks, der zu den großen künstlichen Seen Ceylons gehört. Die Straße führt dicht an seinem Ostufer entlang (🚂). – Bei

Tampalakamam, 290 km, erreicht man das Westufer der *Koddiyar Bay*. Hier gibt es Austernzuchten und eine bekannte Perlfischerei (*Placuna*-Perlen). – Auf der Weiterfahrt sieht man

rechts die Abzweigung zum Flughafen. Schließlich kommt man nach

Trincomalee, 303 km. Der Ort war wegen seines guten und tiefen Naturhafens im Zeitalter der Segelschiffe einer der bedeutendsten Häfen Asiens. Bis vor kurzem war er ein Haupthafen der britischen Kriegsflotte. Heute ist er der ceylonesische Kriegshafen. Die *Mahaweli Ganga,* der größte Fluß der Insel, mündet hier ins Meer.

Die Geschichte der Stadt verliert sich in der Legende. Nach indischer Auslegung soll die Stadt schon 2500 Jahre v. Chr. existiert haben. Sie wird mit dem Hinduepos *Ramayana* und der Entführung von *Ramas* Gemahlin *Sita* durch den Dämonenkönig *Ravana* — der hier in der Nähe begraben sein soll — in Verbindung gebracht (s. S. 9). Auf dem 130 m hohen, steil zum Meer abfallenden Felsenklippe *Swami Rock* stand schon vor vielen Jahrhunderten ein der Gottheit *Konatha* geweihter Hindutempel, der von den hier lebenden *Tamilen* als heilig verehrt wurde. Dieser Tempel soll mehr als tausend Säulen gehabt haben und einer der größten Südasiens gewesen sein. Er wurde kurz nach der Eroberung der Stadt durch die *Portugiesen* (um 1622) total zerstört. Heute noch führen zweimal wöchentlich Brahmanenpriester eine große Volksmenge zu dieser Stelle (heute steht hier ein moderner Tempel) und werfen Opfergaben ins Meer.

Die Steine des von den *Portugiesen* zerstörten Tempels wurden zum Bau eines Forts verwendet. Die Stadt wechselte zu dieser Zeit oft ihre Beherrscher. Sie wurde 1639 von den *Holländern,* 1673 von den *Franzosen,*

Küste vor Trincomalee

1674 wieder von den *Holländern,* 1782 abwechselnd von *Engländern* und *Franzosen,* 1783 neuerlich von den *Holländern* und 1795 endgültig von den *Engländern* erobert.

Der Felsen *Swami Rock* ist einer der malerischsten Punkte Ostceylons. Auf seinem Gipfel ist ein Denkmal mit einer in holländischer Sprache gehaltenen Inschrift zu sehen, die von einer jungen Holländerin erzählt. Sie soll sich im Jahre 1687 aus Liebeskummer von hier in die Tiefe gestürzt haben. Der Felsen trägt auch den Namen *Lover's Leap (Sprung der Verliebten).*

Von historischem Interesse sind das gut erhaltene *Fort Frederick* (an der Stelle des alten Hindutempels), *Dutch Point, Ostenberg Point* aus der holländischen und *Wellington House* (Wohnsitz des britischen Herzogs und Siegers bei *Waterloo)* aus der britischen Kolonialzeit. Auf dem Grundstück des (ehemaligen) *Admirality House* ist ein riesiger *Banyan*-Baum zu sehen, von dem gesagt wird, daß er Schatten für tausend Menschen gibt.

Die Badebuchten von Trincomalee *(Marble Bay, Coral Cove, Chapel Rock* usw.) haben feinkörnigen Sandstrand und zählen zu den schönsten der Insel. Unterwassersportler können am Meeresgrund unter dem *Swami Rock* die Reste des alten Hindutempels (herrlich verzierte Steinfragmente, Tierskulpturen usw.) erkennen.

Die Stadt ist mit Flugzeug, Eisenbahn und Autobus leicht von *Colombo* aus zu erreichen.

⌂ H „Welcombe", E: 60–80 (F), D: 100–125 (F). ⌂ R „Tourist Centre", E: 20, D: 30–35. – △ „Welcombe Youth Hostel" (vorübergehend geschl.).

Swami Rock

Route 5: Colombo — Avissawella — Ratnapura — Haputale (180 km)

Man verläßt Colombo im Osten und fährt durch eine fruchtbare Landschaft mit vielen Kokoshainen am Südufer der *Kelani Ganga* bis

Kaduwela, 16 km. Der Ort liegt reizvoll am schroffen Ufer der *Kelani* und besitzt ein gutes Rasthaus (ô) mit schöner Aussicht auf den Fluß, der stets mit den typischen Booten und Segelbooten der einheimischen Bevölkerung belebt ist. In der Nähe der Fähre liegt ein großer Buddhatempel. Man folgt weiter der *Kelani Ganga*, fährt durch zahlreiche malerische Orte und kommt nach

Hanwella, 34 km. Auch hier hat man von einem direkt am Fluß gelegenen Rasthaus (ô) einen schönen Ausblick. Im Ort steht noch Reste eines alten portugiesischen Forts zu sehen. Man kann von hier einen Ausflug nach *Kitulgala* unternehmen, wo der Film „Die Brücke am River Kwai" gedreht wurde.

Die Straße verläßt nun das Ufer der *Kelani Ganga* und führt durch Kautschukplantagen und Kokoshaine nach

Avissawella, 48 km, wo man wieder den Fluß erreicht. Der Ort ist Zentrum einer bedeutenden Gummi-Industrie. Sehenswert sind die Ruinen eines singhalesischen Königspalastes, der im 16. Jahrhundert von den Portugiesen zerstört wurde. Eine schöne Straße (in der Regenzeit nicht befahrbar) führt von hier nach *Kegalla* und *Kandy* (🍴; ô).

Man biegt auf die nach Süden führende *A 4* ab, fährt durch *Pusselawa* (70 km), überquert den *Kuruwita-Fluß* und erreicht

Ratnapura, 90 km, die „Juwelenstadt". Die Saphire, Turmaline, Amethyste, Rubine, Katzenaugen usw. aus den Alluvialschichten von Ratnapura sind schon im Altertum bekannt gewesen. Die „Edelsteinminen" und „Juwelengruben" werden noch auf alte, traditionelle Art des Grabens und Waschens ausgebeutet. Der Ort liegt inmitten einer prachtvollen Hügellandschaft und besitzt ein altes englisches Fort, von dem aus man einen herrlichen Rundblick hat. Von den Hügeln, die den Ort umgeben, erblickt man den *Adams Peak* (s. S. 52) und die nördliche Gebirgskette. In der Nähe liegt der Buddhatempel *Maha Saman Dewale*. (🍴).

ô R „Ratnapura", E: 10–15, D: 15–30.

Die *A 4* führt weiter durch Reisfelder über *Pelmadulla* (ô), 109 km, in ein wichtiges Teeanbaugebiet. Dieser Streckenabschnitt wird als einer der landschaftlich schönsten von Ceylon bezeichnet. Man fährt nun bergan nach *Balangoda* (ô), 134 km, und weiter nach *Belihul Oya* (628 m; 150 km), dem „Paradies für Hochzeitsreisende". Hügelketten, die teils mit dichten Wäldern, teils mit Teekulturen bestanden sind, wechseln mit weiten Flächen von Reisanbaugebieten. Im Hintergrund erblickt man die hohen Berge des Zentralmassivs, Quellen und Flüsse rauschen in Wasserfällen zu Tal, und kleine Seen und Teiche verlocken zu erfrischendem Bad. Die Ausflugsmöglichkeiten sind zahlreich. Es gibt in allen Orten kleinere, aber saubere Rasthäuser. Man fährt weiter bergan und hat bei *Haldummulla* (1100 m; 168 km) einen wunderbaren Ausblick über die Hügelketten im Norden und die dichten Wälder im Süden. Nun stößt man auf eine Abzweigung, die in südlicher Richtung nach *Tissamaharama* oder nordwärts über den *Haputale*-Paß (1500 m; 180 km) nach *Kandy* führt. (Siehe Route 1).

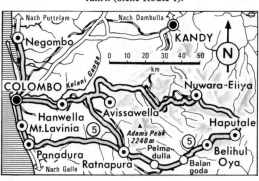

Register

Adams Peak 52
Alutnuwara 60
Alu Vihara 48
Ambalangoda 56
Ambepussa 59
ANURADHAPURA 34
  Abhayagiri 38
  Basawak Kulam 38
  Dalada Maligawa 39
  Elaras Grabmal 38
  Isurumuniya Vihara 39
  Jetavana Aramaya 38
  Königliche Gärten 39
  Kupferpalast 37
  Kuttam Pokuna 39
  Mirisavati Dagoba 39
  Ruvanveli Dagoba 39
  Samadhi Buddha 38
  Sri-Maha-Bodhi-Baum 37
  Thuparama Dagoba 38
Aukana Vihara 47
Avissawella 63

Badulla 53
Bandarawela 54
Batticaloa 60
Belihul Oya 63
Bentota 56
Beruwala 56
Bibile 59

Chenkaladi 60
Chilaw 46
COLOMBO 23
  Alter Hindu-Tempel 25
  Borella 28
  Cathedral of Christ Church 27
  Ceylon Tourist Board 27
  Clock Tower 24
  Colombo-Museum 27
  Fort 24
  Hotel Galle Face 27
  Hotel Taprobane 25
  Lionel-Wendt-Theater 28
  Parlament 24
  Pettah 25
  Queen Elisabeth Quai 24
  Queen's House 24
  Rathaus 28
  Santa-Lucia-Kathedrale 27
  Senatsgebäude 24
  Vihara Maha Devi Park 27
  Wolfendahl-Kirche 25

Dambulla 48
Dehiwela 29
Dondra 55

Elefantenpaß 58
Ella 59

Galgamuwa 58
GALLE 32
  Alte Holländische Kirche 33
  Altes Tor 32
  Akersloot Bastion 32
  Buona Vista 33
  Friedhof (Kerkhof) 33
  Leuchtturm 32
  Mond-Bastion 32
  Pettah 33
  Sama Cruz Bastion 32
  Schmetterlingsbrücke 33
  Star-Bastion 33
  Triton-Bastion 32
  Zwart-Bastion 32
Gampaha 57
Gampola 52

Habarane 61
Hakgala 53
Haldummulla 63
Hambantota 54
Hanwella 63
Haputale-Paß 54
Hikkaduwa 55

JAFFNA 30
  Altes Fort 30
  Archäolog. Mus. 31
  Delft (Insel) 31
  Glockenturm 31
  Groote Kerk 31
  Hammenhiel (Insel) 31
  Kankesanturai 31
  Nallur-Tempel 30
  Nayinativu (Insel) 31
  Velanai (Insel) 31

Kaduwela 63
Kala Wawa 46
Kalipitiya 46
Kalutara 56
KANDY 49
  Peradeniya 51
  Tempel des Zahns 49
Kantalai 61
Kataragama 54
Kelaniya 29
Kirigalpolta 53
Kurunegala 57

Madampe 46
Maho 58

Marawila 46
Matale 48
Matara 55
Medawachchiya 58
Meetiyagoda 56
Mihintale 40
Minneriya Tank 44
Mount Lavinia 29
Moratuwa 56

Nalanda 48
Negombo 45
Nuwara Eliya 53

Pallai 58
Polgahawela 57
POLONNARUWA 41
  Audienzhalle 41
  Demala Maha Seya 43
  Gal Vihara 43
  Galpatha 42
  Hata Daga 42
  Kin Vihara Dagoba 43
  Königliches Bad 43
  Königspalast 41
  Lankatilaka-Tempel 43
  Lotusteich 43
  Nissanka Latha Mandapaya 43
  Pabala Vehara 43
  Potgul Vehara 44
  Rankot Vehara 43
  Rasthaus 42
  Satmahal Prasada 42
  Siva-Tempel 43
  Steinkolossus 44
  Thuparama 42
  Tivanka-Tempel 44
  Wata Daga 42
Puttalam 46

Ranna 55
Ratnapura 63
Ruhuna-Nationalpark 54

Sigiriya 47

Tampalakamam 61
Tissamaharama 54
Trincomalee 62

Veyangoda 57
Vijitapura 47

Weligarna 55
Welimada 53
Wilpattu-Wildreservat 40